恵信尼さまの手紙に聞く

寺川幽芳 著

法藏館

はじめに

このたび、このようなかたちで親鸞聖人の妻・恵信尼さまの手紙をご一緒に読む機縁に恵まれたことは、私にとって、まことに感慨深いことです。それといいますのも、これまでどれほどこれらの手紙に教えられ、導かれてきたことか――。いささか大げさな表現かもしれませんが、私は、この恵信尼さまの手紙によって人間・親鸞に会うことを得たと感じているからです。

それは、お釈迦さまによって実証され、説き示された、「悟りをひらいて仏に成る」という人間究極の目標に向かって生きる仏教徒の生き方には、出家して修行に励む聖道門・自力の仏道とともに、日常生活において歩む浄土門・他力の仏道があることを、自らその道を歩むことにおいて明らかにしてくださった親鸞聖人の、まさに、その家庭生活のうちにある仏道の真髄にふれる機会を得たといって過言ではないと思うからです。

◇

私はこれまで、龍谷大学瀬田学舎のＲＥＣ講座をはじめ各地の仏教婦人会研修などで、これらの手紙を読む機会に恵まれてきました。そして、最初は確かに存在した七五〇年の時空の隔たりがいつしか消え去って、ようやく雪解けの季節を迎えた北国越後の「とひたのまき」の小さな住まいの一室で、恵信尼さまから、「そう、そう、あのとき殿はねー」と、愛し合い信じあって生き抜いた夫・親鸞聖人の思い出や、ご自身のお気持ちや、その暮らしぶりを聞いているような気持ちになり、さらには、現在の私の問題を恵信尼さまに聞いてもらっているような気持ちになってきたのです。

それは、ふと気づいてみれば私自身がいつしか高齢者の仲間入りをし、恵信尼さまの言葉がいっそう心に響くようになってきたからかもしれません。しかし、そうした共感だけではなく、親鸞聖人の家族の状況が、超高齢社会を生きることになった私たち現代人の状況ときわめて似ていて、恵信尼さまがその状況をどう生きられたかということを学ぶことによって、いま当面している不安や悩みに向き合うための、実に多くの示唆を得ることができると思うからです。

◇

近年の日本社会は男女ともに平均寿命が延び、誰もが願う長寿延命の幸せに恵まれているように思われます。しかし、病苦が解消したわけでもなく、老苦が無くなったわけでもありません。それどころか、長くなった老期がもたらす諸問題にとまどい、老いも若きも個我がむき出しになった家族関係や無縁社会の人間関係に苦しんでいます。

こうした私たちに、「非僧非俗」という在家の仏道を歩まれたがゆえに衣食住にはじまる家族の在り方に苦悩され、長寿を全うされたがゆえに老苦の生き方を切り拓かれた親鸞聖人と恵信尼さまの、時空を超えたメッセージが、これらの手紙には秘められているようです。

しかも、これらの手紙は、他の人に読んでもらいたいとか後世に残ることを心の片隅において書かれたものではなく、生活の場を遠く隔てて苦労している末娘に宛てた母からの私信です。その手紙を、実に七五〇年の歳月を隔てて私たちがいま読む機縁に恵まれたことに、私は深い感慨を覚えるとともに、一人でも多くの人々と、その心惹かれるところを分かち合いたいと願ってやみません。

◇

本書の構成は、先ず原文を掲載して現代語訳や解説をするのが本来のかたちとは思いながらも、とにかくできるだけ多くの方々に気軽に親しんでいただきたいという気持ちから、ここでは、現代語訳と解説をお読みいただくという形式をとりました。

現代語訳にあたっては『浄土真宗聖典（註釈版　第二版）』（本願寺出版社）所収のものを中心に、『定本親鸞聖人全集　第三巻　和文・書簡篇』（法藏館）、『真宗史料集成　第一巻　親鸞と初期教団』（同朋舎）等に収載されている原文を参照し、そこに示されている文字の読みや解釈の相違などを考慮しながら、私なりに現代語訳を試みました。しかし、古文の読み方において注意しなければならない文法上の特徴や、用語の時代背景、その時代の正確な用法など、さまざまな点で不十分な箇所があると思います。また、特に解説の箇所には、現在なお研究者の間でも解釈が異なっていたり、見解が対立している事柄もかなり含まれていますが、そうした問題についての私の受け止め方や考え方に関しては、浅学菲才の身として少なからず理解の足りぬ点があると思っています。

それにもかかわらず、本書を上梓した理由はただ一つ、先にも申しあげたような私の恵信尼さまへの思いの故とご寛恕いただき、これを機に、原文や多くの先生方の注釈書などをお読みくださるようお願いいいたします。

「恵信尼消息」のあらまし

「恵信尼《えしんに》消息《しょうそく》」と呼ばれているこれら八通の手紙は、いまから約七五〇年あまり前、鎌倉時代の中葉に、そのころ越後に住んでおられた親鸞聖人《しんらんしょうにん》の妻・恵信尼《えしんに》さまが、京都にいる末娘・覚信尼《かくしんに》に宛てて書かれたものです。それが実に六五〇年の歳月を経た大正十年（一九二一年）の秋、使用人に関する証文二通と、『大無量《だいむりょう》寿経《じゅきょう》』の音読仮名書とともに西本願寺の宝庫から発見されたのです。これら恵信尼さま自筆の文書のすべては「恵信尼文書」と呼ばれていて、現存する恵信尼さまによる文書はこれ以外にありません。本書で読む八通の手紙は、恵信尼さま八十二歳の弘長三年（一二六三年）から八十七歳の文永五年（一二六八年）までの六年間に書かれたものです。もっとも、証文二通も消息の通数に含める場合もありますが、ここでは消息には数えていません。

「恵信尼消息」八通の内容を概観しますと、本書前半に収載した第一通から第四通までと、後半の第五通から第八通にいたる手紙には、かなりはっきりした特徴があります。

はじめの四通は、娘が父の往生を知らせてきた手紙への返事であり、内容も生涯をともにした夫・親鸞聖人の思い出で溢れています。書かれた日付も第一通から第三通まですべて弘長三年二月十日付、第四通は第三通に書いた日付を日記をみて訂正されたものですから、恵信尼さまが娘に伝えたいと思われたことのすべては、二月十日付の三通の手紙に語りつくされていると言って過言ではないでしょう。

第五通から第八通は、恵信尼さま八十三歳の弘長四年から八十七歳になられた文永五年までの五年間に書かれたもので、越後での恵信尼さまの晩年の様子が詳しく記されているとともに、娘や孫たちへの慈しみに溢れた思いが、切々と記されています。

ご存知のように、親鸞聖人が九十歳の生涯を全うしてお浄土へ旅立たれたのは、今からおよそ七五〇年余り前、弘長二年十一月二十八日（西暦一二六三年一月十六日）のことでした。

聖人の臨終を看取ったのは、末娘の覚信尼、そして越後から京都へ上っていたその兄の日野有房《ひのありふさ》（手紙では益方《ますかた》と呼ばれている）。またその他、何人かの門弟や有縁の人々がその枕辺に駆けつけていました。

葬儀や火葬を終えた覚信尼は十二月一日、父の最後の様子などを書き記して越後にいる母に送りました。その手紙は二十日ほどして越後に届き、それを読まれた恵信尼さまはすぐに喪《も》に服されたようで、喪が明けるや、自分の思いのすべてを筆に託して娘への返事を書かれたのです。

なお、これらの手紙や文書は、覚信尼の孫にあたる本願寺第三世・覚如上人《かくにょしょうにん》が、父の覚恵師《かくえし》から引き継いだ遺品の中にあったものを読んで若干のメモを記入して以来、大正十年に発見されるまで実に六五〇年ものあいだ、誰の目にもふれることなく本願寺の宝庫に眠っていたのでした。したがって文章が部分的に欠落していたり、判読し難い文字や、人名なのか地名なのかわからない箇所もある他、文面の解釈についても未だに研究者の間で見解が分かれていることがらも相当数あるのが現状です。

また、これらの手紙のなかで、恵信尼さまは夫・親鸞聖人を一貫して「殿《との》」あるいは「善信の御房《ぜんしんのおんぼう》」と呼ばれており、自分のことは「あま」と書かれている他、署名には「恵信」「ゑしん」「ちくぜん」という名を使われたり、花押も書かれています。「恵信」というのは仏教徒を示す法名《ほうみょう》ですが、この法名を用いられるようになった時期や、それまでの呼び名などは不明です。恵信尼さまの父は、九条家に仕えて越後介《えちごのすけ》にも任ぜられた中級貴族の三《み》善為教《よしためのり》であることが明らかになっていますが、その在任の時期などからみて恵信尼さまは京都生まれと考えられ、手紙の筆跡や文章からうかがえる教養の高さからも、娘時代に父と同じく九条家に仕えておられた可能性が高いといえます。また、三善為教やその一族も念仏者として知られており、恵信尼さまも九条家に仕えている時に、法然上人の教えを聴かれていたと考えられます。

覚信尼の「覚信」も法名で、いわゆる俗名は「王」とか「王御前《おうごぜん》」と呼ばれ、誕生は元仁元年（一二二四年）、親鸞聖人五十二歳、恵信尼さま四十三歳の時でした。親鸞聖人と恵信尼さまの六人の子女の末娘です。父母とともに関東から京都へ帰ってのちは、久我道光に仕えて「兵衛督 局《ひょうえのかみのつぼね》」と名のり、日野広綱と結婚して一男一女をもうけました。しかし、日野広綱が早世したため、王御前は両親のもとに身を寄せ、やがて越後へ赴くことになった母に代わって父・親鸞聖人の身の回りの世話にあたり、臨終を看取ったのです。

かくして「恵信尼消息」は、父の臨終から火葬・収骨を終えた覚信尼の手紙を読まれた恵信尼さまが、母としての万感の想いをこめて書き記された最初の返事から始まっているのです。

なお、原文には句読点や改行はほとんどないので、現代語訳に際しては、その雰囲気をできるだけ残すように努めました。したがって原文に出てくる人名や地名の平仮名で書かれている箇所は、現代語訳と解説に際しても原文のまま「　」をつけて記しましたので、ご了承ください。

〈目　次〉

恵信尼関連年表

承安３年〈1173〉	親鸞誕生（父・日野有範）。
安元元年〈1175〉	法然、専修念仏を唱える。
治承４年〈1180〉	親鸞８歳。５月、源頼政が以仁王を奉じ平家追討の兵をあげるも宇治で敗死。８月、源頼朝が伊豆で挙兵。12月、平重衡、東大寺・興福寺等を焼く。
養和元年〈1181〉	親鸞９歳の春、慈円のもとで出家し範宴と号す。この年、平清盛没す。
寿永元年〈1182〉	恵信尼誕生（父・三善為教）。親鸞10歳。
文治元年〈1185〉	恵信尼４歳。３月、壇ノ浦に平氏滅ぶ。
建久９年〈1198〉	法然、『選択本願念仏集』を著し、浄土教義を明らかにする。
建仁元年〈1201〉	範宴（親鸞）29歳。比叡山を下り六角堂に参籠し後世を祈る。九十五日目の暁に聖徳太子の示現を得て法然を訪ね、百日の聞法を重ねて本願他力の念仏に帰し、綽空と名のる。
元久元年〈1204〉	11月、念仏門徒への延暦寺僧徒の非難に対し、法然が草した「七箇条起請文」に門弟連署する。これに親鸞は「僧綽空」と連署。
元久２年〈1205〉	４月、綽空（親鸞）は法然より『選択本願念仏集』を授かり、法然の肖像の図画を許される。閏７月、その真影に法然自ら銘文を書き、綽空の名を善信と改めることを許される。10月、興福寺が念仏禁止を奏上する。
建永元年〈1206〉	２月、興福寺等の訴えで、法然門下の行空、遵西等が捕えられる。
建永２年〈1207〉	２月、専修念仏停止の宣旨が下り、法然は土佐へ、善信（親鸞）は越後国府へ配流となる。この時善信は、その不当性を批判し、自ら姓を「禿」と名のり、非僧非俗の生き方を表明。10月、承元に改元。
建暦元年〈1211〉	３月、明信（栗沢の信蓮房）生まれる。11月、流罪赦免の宣旨下る。
建暦２年〈1212〉	１月25日、法然、80歳を一期として入寂。
建保２年〈1214〉	越後から一家で関東に赴く。この年、上野国佐貫において浄土三部経千部読誦を始めるが、数日後に中止して常陸の国に赴く。
元仁元年〈1224〉	末娘・王（のちの覚信尼）誕生。恵信尼43歳。
寛喜３年〈1231〉	４月、風邪で病臥した親鸞が、三部経千部読誦の内省を恵信尼に語る。
嘉禎元年〈1235〉	息男善鸞に長子（如信）誕生。この年頃、家族で関東から帰洛か。
建長６年〈1254〉	恵信尼、この頃までに越後へ下る。
康元元年〈1256〉	５月、親鸞が息男・慈信房善鸞を義絶。
弘長２年〈1262〉	11月28日、舎弟尋有の坊舎・善法院で親鸞入滅。世寿90歳。鳥辺野に葬り荼毘に付す。12月１日、覚信尼は父の入滅を越後の母・恵信尼に知らせる。
弘長３年〈1263〉	２月10日、恵信尼、覚信尼に返事を書く（消息第一～第三通）。
文永３年〈1266〉	孫・唯善誕生（再婚した覚信尼と小野宮禅念の間に生まれた子）。
文永５年（1268）	恵信尼87歳。現存する最後の手紙（第八通）を書く。

【第一通～第四通】

はじめて娘に語る親鸞聖人の思い出

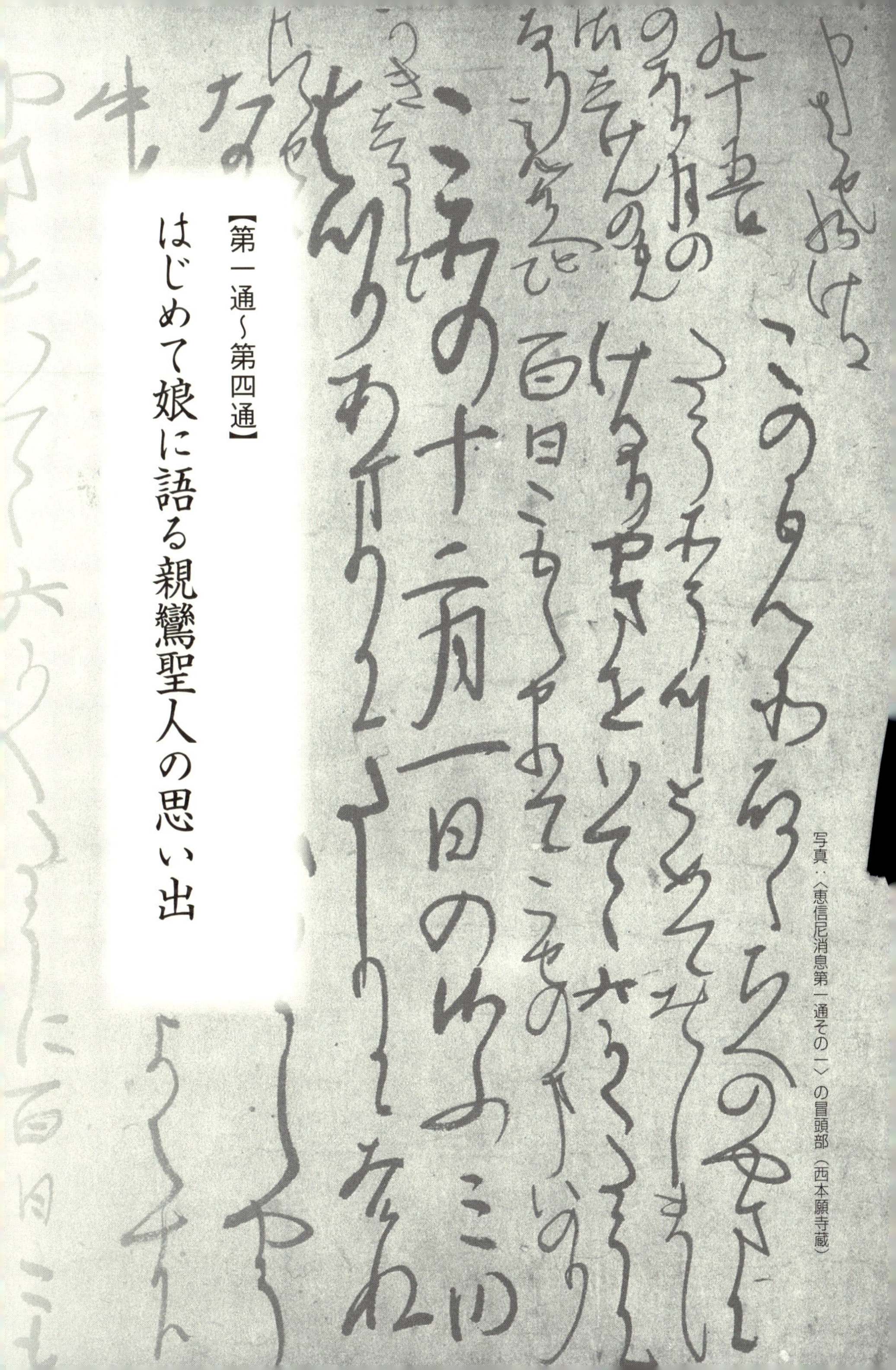

写真：〈恵信尼消息第一通その一〉の冒頭部（西本願寺蔵）

第一通——その一

夫、親鸞聖人《しんらんしょうにん》の往生《おうじょう》を知らせてきた末娘・覚信尼《かくしんに》への、恵信尼《えしんに》による最初の返信。娘の手紙を読み、父のことを確《しか》と心にとどめるよう娘に伝えたいという切実な母の気持ちが文面に溢《あふ》れ、若き日の親鸞聖人の思い出がつづられている。後世《ごせ》の救いを求めて六角堂《ろっかくどう》に参籠《さんろう》し、示現《じげん》を得て法然上人《ほうねんしょうにん》を訪ね、百日の聞法《もんぽう》を重ねて本願念仏《ほんがんねんぶつ》に帰依《きえ》されるに至った経緯が、詳しく記されている。

（現代語訳）

昨年の十二月一日付のお手紙、同じ月の二十日過ぎに、確かに拝見いたしました。

何よりもまず、殿《との》（親鸞聖人）がお浄土《じょうど》へ往生《おうじょう》されたことはまったく疑いないことで、あらためて申しあげるまでもないことです。

殿が山（比叡山《ひえいざん》）を出られて、六角堂《ろっかくどう》に百日のあいだお籠《こも》りになって、「後世《ごせ》」のことをお祈りになっておられましたところ、九十五日目の暁に、聖徳太子が偈文《げもん》をとなえられて（観音菩薩《かんのんぼさつ》の）ご示現《じげん》をいただかれましたので、すぐに、その暁に六角堂をお出になって、「後世のたすかるにちがいないご縁にあわせていただこう」と（吉水《よしみず》の草庵《そうあん》をお訪ねになり）法然上人《ほうねんしょうにん》にお会いになりました。

そして、また、六角堂に百日のお籠りをされたように、また百か日、降るにも照るにも、どのような大風の日にも法然上人のもとへお通いになって教えを聞いておられましたが、ただ「後世」のことについては、善《よ》き人にも悪《あ》しき人にも、同じように、生死出《しょうじい》ずべき道（迷いの世界を出て仏《ぶつ》に成る道）をただ一すじに（念仏《ねんぶつ》より他にないと）お説きになっておられるのを、確《しか》と心にお受けになりましたので、「法然上人がおいでになるところには、他の人々がどのように言おうとも、たとえ悪道《あくどう》に堕《お》ちてゆかれるにちがいないと言われても、私はお供《とも》をする。これまで世々《せせ》生々《しょうじょう》に（遠い過去から生まれかわり死にかわり）迷い迷ってきたからこそ、いま、こうして人間として生まれてきた私だから、このままであれば地獄へ行くしかない身なのだから――」と、法然上人や念仏について人々がさまざまに言ったときにも、そのように話しておられました。

書き出しが示す切実な母の思い

手紙の最初に、「昨年の十二月一日付のお手紙、同じ月の二十日過ぎに、確かに拝見いたしました。何よりもまず、殿がお浄土《じょうど》へ往生《おうじょう》されたことはまったく疑いないことで、あらためて申しあげるまでもないことです」と書かれたことからも明らかなように、この手紙は、父（親鸞聖人）の死を知らせてきた末娘・覚信尼（王御前《おうごぜん》）への最初の返事であることがわかります。単刀直入とも思えるこの短い書き出しの言葉からは、母として、娘にだけは何としても伝えねばならないと思いさだめられた恵信尼さまの切実な気持ちが痛いほど伝わってきます。

親鸞聖人が往生されたのは弘長《こうちょう》二年十一月二十八日（西暦一二六三年一月十六日）のことでしたが、その臨終《りんじゅう》を看取《みと》ったのは、越後《えちご》に赴いていた母に代わって聖人の身辺の世話をしてきた覚信尼でした。

若くして夫と死別し、二人の幼子を育てながら父の身の回りの世話をし、臨終を看取り、葬儀から収骨《しゅうこつ》まで、身も心もさぞ疲れているであろう末娘から届いた手紙への最初の返事ですから、まず何かそうした労をねぎらう言葉があってもよいのではないか——と思うのは、私だけではないと思います。しかし、そのような言葉は、どこにもありません。これから読んでゆく他の手紙

親鸞聖人と恵信尼さまが家族で暮らした
関東、稲田の風景（茨城県笠間市）。

には、いたるところに娘へのこまやかな愛情が溢れているのに、これは、いったいどういうことなのでしょう。それは、決して、やさしいねぎらいの気持ちを忘れられたからではありません。

愛すればこそ、何よりもまず、娘に伝えねばならない大切なことがあったのです。その大切なこととは、「あなたのお父さまが、お浄土へ往生されたことは、まったく疑いのないことです」という、ゆるぎない確信です。娘からの手紙は現存しませんが、恵信尼さまのこの手紙の文面から推察すると、おそらくそこには、例えば「紫の雲がたなびく」とか「妙《たえ》なる楽《がく》の音《ね》が聞こえ、えもいわれぬよい香りがただよう」といった、当時一般に考えられていた極楽往生《ごくらくおうじょう》のきざしが、父の臨終に際しては何もなかったことに、娘として感じた素朴な疑問が書かれていたのでしょう。

阿弥陀仏《あみだぶつ》の本願《ほんがん》を信じて念仏する人は、この現世を生きる日々のうちに往生が定まるのであって、臨終の奇瑞《きずい》や苦しみの有無といったことを心配する必要はないと明快に教えてくださった法然上人《ほうねんしょうにん》、そして夫・親鸞もまた自ら信じ人々にも説いてきたのに、その父のそばに生活しながら、あなたは何を迷い、何を不安に思っているの――、そんな恵信尼さまの気持ちがひしひしと伝わってくる書き出しです。

親子であっても、生活を共にしていても、教えを正しく信じること、伝えることのむずかしさを、恵信尼さまはしっかりと直視し、ただひたむきに娘の心に向き合われたのです。

おそらく、娘からの手紙を受けとってから喪《も》に服された日々は、恵信尼さまにとっても、在《あ》りし日の夫との数々の思い出を新たにし、娘に伝えるべきことを確かめられる日々でもあったことでしょう。そして、この手紙を認《したた》められた時、あたかも堰《せき》を切ったように、わきあがるその気持ちを筆に託して、娘に語りかけられたのです。

かくして、期せずしてこれらの手紙には、それまで、知られていなかった親鸞聖人の若き日の真剣な生き方が具体的に語られていますので、詳しくみてゆくことにしましょう。

六角堂参籠の目的は「後世」のこと

この手紙の前半に記されているのは、それまで比叡山《ひえいざん》で二十年に及ぶきびしい仏道修行に励まれていた若き日の親鸞聖人が、その比叡山を出て、京都の街なかにある六角堂《ろっかくどう》に百日の予定でお籠《こも》りになったこと、そして九十五日目の暁、観音菩薩《かんのんぼさつ》のご示現《じげん》をうけ、法然上人を訪ねられたという事実です。

この部分は、他の伝記にもさまざまに伝えられていることを裏づけるものですが、何よりも重要なのは、六角堂に籠られた目的が「後世《ごせ》のことをお祈りになっておられた（原文では「後世をいのらせたまひける」)」ことであると明確に語られている点です。

「後世」とは、文字どおり「後の世」であり、一般的に言えば「死後の世界」でしょう。しかし、「死後の世界」といっても、仏教で説かれているのは、世間の人々がイメージしている漠然としたものとは違って、真実の智慧に目覚められたお釈迦さまの教えにもとづく、宗教的な意味における「死後の世界」です。

仏教では、「生」と「死」の問題について語るとき、しばしば「生死《しょうじ》」という言葉が使われます。それは、仏教では生と死をまったく別のこととして切り離して考えるのではなく、生と死は一枚の紙の表と裏のように切り離せないものと説かれているからです。

実際、日常的に元気な時には「自分の死」を意識することは、ほとんどない私たちですが、しかし、重い病気にかかったり、身近な人の死に接すると、ふと「自分の死」を意識します。つまり、ずっと先のこととしていた「死」が、いま意識されるのです。しかし、それでもなお、では、それが「いつなのか?」ということになると、確かなことは誰にもわかりません。実際、吸う息、吐く息、その一瞬先に「私の死」があるかもしれず、一年先、あるいは数十年先かもしれないのです。その意味では、死は「生の未来」として常に生とともにあるのです。

また、こうした「いのち」の姿は、昨日があって今日があり、今日があることで明日があるというように、刻々と変化しつつ絶えることがなく、しかも、その一瞬一瞬に、他の人々や動植物・

自然環境などとかかわりつつそれぞれの在り方が現成《げんじょう》してゆきます。

「生死」という言葉は、こうした時間的・空間的なかかわりにおいて私たちは生きているという、仏教が明らかにした真実真理にもとづく人生の実相そのものを示す言葉です。

そして、何より重要なことは、こうした生死の世界は、仏陀《ぶつだ》が真実の智慧によって「苦」であると明らかにされ、それを乗り超える道を説かれたのが仏教という宗教だということです。この手紙の中で恵信尼さまが、「生死《しょうじ》出《い》ずべき道」という言葉で、後世の問題の解決を表現されているのも、仏教の基本に立って聖人の行動を伝えておられるのです。

かくして、親鸞聖人が六角堂に籠られた動機となったのは、このような「後世」の問題、すなわち「生死出ずべき道」であり、より簡明に言えば、今からの生き方をたずねることにあったことが明らかになったのですが、しかし、なぜ二十九歳になって、比叡山を出て六角堂に百日の参《さん》籠《ろう》をし、自己のいのちの未来の問題と向き合う決心をされたのでしょう。

あらためて言うまでもなく、比叡山で仏道修行に励む者にとって、生死《しょうじ》無《む》常《じょう》の理《ことわり》は日々の生の現実であり、日々の修行は常に「生死出ずべき道」の実践に他なりませんから、その観点からみれば、親鸞聖人の行動は真摯《しんし》な修行者として特別なことではないともいえます。

しかし、「後世を祈る」という言葉には、そこに何か、そうしなければならない切羽つまった特別な理由があったように感じられますし、それはまた、百日もお籠りをされようとした場所が、なぜ六角堂なのかということにもつながる問題のように思われます。「後世」を考えるのであれば、広大な比叡山にはそれに相応《ふさわ》しい御堂がいくつでも存在するにもかかわらず、なぜ京の街なかの六角堂でなければならなかったのでしょう？

なぜ六角堂なのか？

六角堂は、京都市のほぼ中央に位置し、正確には紫雲山頂《しうんざんちょうほうじ》法寺と号する天台宗のお寺で、古くから観音霊場《かんのんれいじょう》として人々の信仰を集めてきました。六角堂という呼称は、この寺の本堂が創建当初から六角の堂舎であったことから、人々が親しみをこめてそう呼んできたのです。

その草創は、四天王寺《してんのうじ》建立にあたってこの地を訪れた聖徳太子によるとされ、特に本尊《ほんぞん》の観音《かんのん》菩薩《ぼさつ》は霊験《れいげん》あらたかな多くの伝承を伝えるとともに、聖徳太子と一体化されて深い信仰を集めてきました。

平安時代以降は天台宗の寺として比叡山との関係が深いとはいうものの、なぜ親鸞聖人がここに百日の参籠を決断されたのかということに関しては古くから諸説ありますが、ここでは詳しく触れる紙数がありません。ただ私は、何よりも、若き日の親鸞聖人の心にきざした、聖徳太子への特別な思いがあったのではないかと考えています。

その一つとして、私が以前から関心をもっているのは、例えば、浄土真宗の教団のなかでも古い伝統をもつ高田派《たかだは》専修寺《せんじゅじ》などに伝承されている、親鸞聖人が十九歳の時に聖徳太子の磯長《しなが》の御《ご》廟《びょう》へお参りになった時に、聖徳太子からいただかれたと伝えられるお告げです。「磯長夢告《むこく》」と呼ばれるそのお告げは、その時の状況を伝える言葉に続いて、次のような文言が記されています。

それは、「我三尊化塵沙界　日域大乗相応地　諦聴諦聴我教令　汝命根応十余歳　命終速入清浄土　善信善信真菩薩」という言葉ですが、意訳しますと「阿弥陀如来・観音菩薩・勢至《せいし》菩薩は、無数の塵《ちり》に満ちたこの世を導き救ってくださる。日本は大乗仏教の栄えるに相応《ふさわ》しい地である。諦《あきら》かに聴け、諦かに聴け、私の教え示すところを。汝《なんじ》の生命はまさに十年余りしかない。しかし、命終われば速《すみ》やかに清浄土《しょうじょうど》に入るだろう。善《よ》く信ぜよ、善く信ぜよ、真の菩薩を」というお告げです。

しかし、この夢告の史実性については、それを裏づける明確な史料が未だ発見されていませんから、歴史学の視点からは、ごく少数の人が注目してはいても、大多数の研究者からは一つの伝承として扱われているにすぎません。ただ、興味深いことに、宗教心理学や深層心理学の立場からは、かなり肯定的な見解が示されていて、私もその観点からこの夢告を肯定的に考えています。

親鸞聖人は『正像末和讃《しょうぞうまつわさん》』のなかで、聖徳太子を「和国《わこく》の教主」つまり「日本に出られたお釈迦さま」と称えられるとともに、「父の如くにおわします、母の如くにおわします」と慕われ、若い

親鸞聖人が百日の参籠をされた六角堂。いまも参拝客と観光客がたえない京都の名所のひとつ。

頃から聖徳太子に格別の深い敬慕の情を抱いておられたことがうかがえますから、何か聖徳太子とかかわる印象的な経験があったことは間違いないと考えられます。

また、いま一つ見逃してならないことは、聖徳太子は出家《しゅっけ》修行されたお坊さんではないという点です。その聖徳太子を、親鸞聖人は「和国の教主」と称えられているのですが、このことは、法然上人が説かれた「だれもが救われる仏道」とも深いかかわりを見出せるでしょう。

比叡山において「智慧《ちえ》第一の法然房」と称えられた法然上人が、想像を絶する長い苦悩の果てに、本願他力《ほんがんたりき》の念仏という「だれもが救われる仏道」を明らかにされ、比叡山を下りてその仏道を人々に説いておられるのですから、同じ比叡山で学ばれていた親鸞聖人がそれを知っておられなかったとは考えられません。

六角堂は聖徳太子にゆかりの深い寺として知られ、本尊の観音菩薩が聖徳太子と一体化して篤い信仰を集めていたことは、先にご紹介したとおりですが、いま述べたようなさまざまな条件を考え合わせると、私は、親鸞聖人の六角堂参籠は、法然上人の教えを求めるかどうかの大きな決断の場としての意味をもっていたと思います。

生涯の師・法然上人との出遇い

恵信尼さまの手紙に戻りましょう。これからの自分の生き方をたずねる百日の参籠も満願《まんがん》の日が近くなった九十五日目の暁、ついに親鸞聖人に観音菩薩（聖徳太子）が解答をくださったのです。それはどのような内容だったのか。実は、恵信尼さまは、その言葉を手紙の本文の中に書かれず、別の紙に認めて同封されました。しかし、その別紙は現存しません。

このため、古来いろいろな説があるのですが、このことは後にもう少し詳しく考えることにして、親鸞聖人の足どりを辿りますと、「その暁に六角堂をお出になって」とありますから、明け方に六角堂を出られて、「後世のたすかるにちがいないご縁にあわせていただこう」と法然上人のもとを訪ねられ、お会いになったと書かれています。しかし、すぐにお弟子になられたわけではありません。「六角堂に百日のお籠りをされたように、また百か日、降るにも照るにも、どのような大風の日にも法然上人のもとへお通いになって教えを聞いておられました」と恵信尼さまは書いておられます。

そして、法然上人が、後世のことについては、善き人にも悪しき人にも、同じように、「生死出ずべき道」つまり、この迷いの世界から救われる道は、ただ念仏するより他にないということを、ただ一すじにお説きになっているのを確《しか》と心に受けとめられ、この道こそと心に決められたと記されています。

それは、二十年におよぶ苦難に満ちた自力《じりき》の修行の仏道を棄《す》てて、すでに阿弥陀仏が完成してくださっている浄土への道、本願他力の念仏に生きる新しい仏道への出発でした。

私は、このとき、あの磯長の御廟で聖徳太子から告げられたという「汝の生命はまさに十年余りしかない。しかし、命終われば速やかに清浄土に入るだろう。善く信ぜよ、善く信ぜよ、真の菩薩を」という言葉の意味を、親鸞聖人ははっきりと領解《りょうげ》されたのだと思います。

まさしくそれは、聖道門《しょうどうもん》・自力の仏道を必死に歩んできた生き方の終焉《しゅうえん》であり、それがそのまま、本願他力の仏道を阿弥陀仏の浄土へ向かって生きる新たな人生の始点でした。

「私のこれからの生き方は、いま、ここに、はっきり定まった！」その晴れやかな歓びを、後に、親鸞聖人は、畢生《ひっせい》の大著『教行信証《きょうぎょうしんしょう》』の後序《こうじょ》に、「建仁辛酉《けんにんかのとのとり》の暦《れき》、雑行《ぞうぎょう》を棄《す》てて本願に帰す」と、きわめて明快に記されています。この短い言葉に秘められている聖人の万感の思いの一端を、私はこの恵信尼さまの手紙を読むことによって垣間見ることができたと思っています。

そして、本願他力の念仏に導いてくださった法然上人との出会いこそ、真の菩薩との出遇《であ》いであるという聖人の確信を、恵信尼さまは「法然上人がおいでになるところには、他の人々がどのように言おうとも、たとえ悪道に堕ちてゆかれるにちがいないと言われても、私はお供をする。

これまで世々生々に迷い迷ってきたからこそ、いま、こうして人間として生まれてきた私だから、このままであれば地獄へ行くしかない身なのだから——と、法然上人や念仏について人々がさまざまに言ったときにも、そのように話しておられました」と書いておられます。

　この恵信尼さまの言葉をどこかで聞いたことがあると思われる方も多いと思います。そうです、『歎異抄《たんにしょう》』の第二条に唯円《ゆいえん》が全く同じ内容の言葉を伝えているのです。ここで、私たちが心しておかねばならないのは、親鸞聖人の決断は、ただ法然上人の豊かな学識やその人柄に惹《ひ》かれたからではなく、「善き人にも悪しき人にも、同じように、生死出ずべき道をただ一すじにお説きになっておられる」、そこに、阿弥陀如来の本願の真実にうなずかれ、その言葉の真実を聞かれたからです。このことは、阿弥陀如来が五劫《ごこう》という長い時間をかけて私たちを救うてだてを考えぬかれ、「南無阿弥陀仏」という言葉となって救いの道を完成されたという、仏の教えにも適《かな》うことでした。

　浄土真宗では、「聴聞《ちょうもん》」とか「聞法《もんぽう》」ということが大切な心がけとされていますが、その原点は、親鸞聖人が法然上人のもとへ百日通いつめて法を聞かれたという事実にもとづくといえます。またそれは同時に、遇《あ》いがたくして念仏の教えに出遇った者のあり方を示してくださっているといえるでしょう。

右頁写真）比叡山から眺める琵琶湖。
若き日の親鸞聖人も、この風景を目にされたのだろうか。

六角堂での「ご示現の文」とは

さて、ここで、六角堂で親鸞聖人が観音菩薩からいただかれたお告げの言葉、すなわち「ご示現の文」について、詳しく考えてみなければなりません。

比叡山を出て六角堂に百日お籠りになって後世のことをお祈りになっていた親鸞聖人の必死の問いかけに、参籠をはじめられて九十五日目の暁、観音菩薩のお告げがあり、まだ満願の百日にはならないのに、親鸞聖人は六角堂を出られて、法然上人をお訪ねになりました。

後述する第一通・その三の添え書きにも、また第二通のはじめにも書いておられるように、恵信尼さまは、「ご示現の文」を別の紙に書いて娘に送られたのですが、それが現在まで見つかっていないために、古くからいろいろな説があり、今日でもなおその論議は続いています。

そこで、これまでの議論をまとめますと、大きく分けて二つの説に集約できます。

一つは、恵信尼さまの曾孫で本願寺第三世・覚如《かくにょ》上人が制作された親鸞聖人の伝記絵巻「親鸞伝絵《でんね》」の上巻第三段に記されている夢告《むこく》の言葉。そしていま一つは、一般に「聖徳太子廟窟偈《びょうくつげ》」と呼ばれている磯長《しなが》の聖徳太子御廟の石に彫られている言葉です。

ここではそれらについて詳しく考察する紙数がありませんが、私は、そのお告げの言葉は内容からみても、「親鸞伝絵」に書かれている言葉だと考えています。覚如上人は観音菩薩のお告げの言葉を次のような二つの文として記されています。

一つは「行者宿報設女犯《ぎょうじゃしゅくほうせつにょぼん》　我《が》成玉女身被犯《じょうぎょくにょしんぴぼん》　一生《いっしょう》之《し》間能荘厳《けんのうしょうごん》　臨終引導生極楽《りんじゅういんどうしょうごくらく》」という四句の文、それに続けて「これはこれ、わが誓願《せいがん》なり。善信《ぜんしん》この誓願の旨趣《しいしゅ》を宣説《せんぜつ》して、一切《いっさい》群生《ぐんじょう》にきかしむべし」とあります。

現代文にしますと、「修行者よ、あなたが宿世《すくせ》の縁によって女性と結ばれるときには、私・観音が玉女の身となってあなたと結ばれるのです。そして、一生の間、あなたの人生を意義あるものとし、臨終にはあなたを導いて極楽浄土へ往生させましょう」「これは、私・救世《くぜ》観音《かんのん》の誓願です。あなたはこの私の誓願の深い思いを説き伝えて、すべての人々に聞いてもらうようにしなさい」といった内容です。

実は、覚如上人は、当初、このお告げを建仁《けんにん》三年癸亥《みずのとい》（一二〇三年）の出来事として「親鸞伝絵」に記されました。おそらく覚如上人がこの夢告のことを知られた時にはそう伝えられていたのでしょう。ところが、覚如上人は晩年まで「親鸞伝絵」を推敲《すいこう》されているのですが、「癸亥」の年という干支《かんし》だけを「辛酉《かのととり》」に部分修正されたものも現存します。辛酉は建仁元年（一二〇一年）、つまり、親鸞聖人が法然上人の教えをうけられることになった年ですが、癸亥は法然上人の弟子となられてから二年後ということになります。

こうした混乱もあって、現在までいろいろな説があるのですが、私はこのお告げの四句の文をよく読むと、建仁元年辛酉、つまり、法然上人をお訪ねになる前の夢告と考えるのが自然だと思います。その理由は、この四句の文には「女犯《にょぼん》」「臨終引導《りんじゅういんどう》」といった戒律や臨終来迎《らいごう》にかかわる言葉があり、それは法然上人が選び捨て、否定された、法然以前の浄土教に伝統的なキーワードだからです。

たしかに、最初に女犯とか身被犯《しんぴぼん》といった刺激的な言葉があるために、どうしても女性関係とか結婚問題との関連を想像しがちですが、この四句文の核心は後半の二句にあることは明らかです。簡明に言えば、女犯という戒律を破ることがあっても極楽浄土に往生できる道があると、観音菩薩が約束されているのです。しかも、観音菩薩は、これは私の誓願であり、ひろく一切の人々に説き伝えるようにとおっしゃったのです。

そのような仏道は、法然上人の説かれている専修念仏《せんじゅねんぶつ》以外にはありません。親鸞聖人はそこに「法然上人を訪ねよ」というメッセージを聞かれたのだと思います。

さて、こうした若き日の親鸞聖人の真摯な求道《ぐどう》の思い出に続いて、恵信尼さまは夫・親鸞聖人が浄土に往生されたことを確信する根拠として、自分自身の宗教経験を記しておられますので、次の手紙で読んでゆくことにします。

第一通――その二

越後《えちご》から関東へ移住してのち、常陸《ひたち》・下妻《しもつま》の「さかいの郷《ごう》」で、夢のうちに夫が観音菩薩《かんのんぼさつ》の化身《けしん》であると教えられた恵信尼《えしんに》さまの経験と、その経験についての自分の気持ちが明確に記されている。

（現代語訳）

ところで、常陸《ひたち》の国の下妻《しもつま》と申しますところで、さかいの郷《ごう》というところにおりましたときに、私は夢をみました。

それは、何か御堂の落慶法要《らっけいほうよう》のように思いましたが、東向きにお堂は建てられていて、法要の前日の夜の行事があるようで、御堂の前には立て明かし（松明）が明るく周囲を照らしていました。

その立て明かしの西、御堂の前に、ちょうど鳥居のようなかたちで横木を渡したものに、仏さまのお姿をお懸けしてあるのですが、一体はまったく仏さまのお顔はしておられず、ただ光が輝くばかりのなかに、ちょうど仏さまの頭から発する頭光《ずこう》のようで、確かなお姿は拝むことができず、まったく光だけの仏さまであられました。

もう一体の仏さまは、たしかに仏さまのお顔をしておられますので、「これは何とお呼びする仏さまでしょうか?」と申しますと、答えてくださる人はどなたかわかりませんが、「あの光ばかりでおられるお方は、あれこそ法然上人《ほうねんしょうにん》ですよ、勢至菩薩《せいしぼさつ》さまでいらっしゃいますよ」と申されますので、「それではもう一体のお方は?」とたずねますと、「あれは観音菩薩《かんのんぼさつ》さまですよ。あれこそ(あなたの殿《との》の)善信《ぜんしん》の御房《おんぼう》(親鸞聖人《しんらんしょうにん》)ですよ」と言われるのを聞いて、びっくりして目が覚め、それで、これは夢であったのだと思ったことでした。

そのようなことがありましたが、そのような夢のことなどは他の人に話すものではないと聞いておりましたし、しかも、私がそのようなことを申しても、本当のことだとは人も思うはずはないでしょうから、全く人には話すこともしませんでしたが、ただ法然上人のことだけを殿に申しあげました。そうしましたら、「夢にはいろいろな種類の夢が数多くあるが、その夢は真実だよ。法然上人のことを勢至菩薩の化身《けしん》であるという夢をみたことは、いろいろなところで数多くあると聞いているし、実際、勢至菩薩は阿弥陀仏のかぎりない智慧《ちえ》そのものであって、光となってはたらいておられるのだ」と仰《おお》せになりました。

けれども、その時、私は、殿が観音さまの化身であると教えられたということについては申しあげませんでしたが、心の中では、それからのち、そのことを決して忘れることなく生きてまいりました。あなたもそのようにお心得おきください。
ですから、殿のご臨終《りんじゅう》がどのようであられましても、お浄土《じょうど》へ往生《おうじょう》されたことは確かで、何の疑いもありませんし、また、あなたと同じように益方《ますかた》（覚信尼《かくしんに》の兄・有房《ありふさ》のこと）もご臨終におあいになられたとのこと、親子の縁とは申しながら、よくよく深いものがあると思いますと、本当にうれしく、うれしく思います。

殿は、観音菩薩の化身

この、常陸《ひたち》の国、下妻《しもつま》の「さかいの郷《ごう》」で恵信尼さまがみられた夢のことは、かなり詳しく書かれていますので、とくに説明する必要はないようにも思いますが、もう一歩踏みこんでみますと、読めば読むほどに、いろいろな意味をもっていることに気づかされます。

恵信尼さまは、この夢をみた時期については何も書かれていませんが、二人の結婚は建永《けんえい》二年（一二〇七年）二月の専修念仏停止《せんじゅねんぶつていし》以前と考えられますから、この夢をみられた常陸・下妻の「さかいの郷」に逗留されるまでに、おそらく十年近い歳月が流れていると思われます。したがって、その間に恵信尼さまは夫・親鸞《しんらん》が六角堂《ろっかくどう》で得た観音菩薩《かんのんぼさつ》の示現《じげん》のことは聞かれていたに違いありません。

それがいつの頃か、また直接聞かれたのか間接的に知られたのかもわかりませんが、親鸞聖人は法然《ほうねん》門下に入られる前後に、すでにその示現について法然上人《ほうねんしょうにん》に話されていた可能性も高いので、そうだとすれば、恵信尼さまの父・三善為教《みよしためのり》と九条兼実《くじょうかねざね》、そして法然上人というつながりの深さを考えると、すでに結婚される前後には恵信尼さまもそのことを聞いておられたとしても不思議ではありません。

それはさておき、この観音菩薩の示現の文は、折りにふれ、恵信尼さまの心に大きなとまどいを感じさせるものでもあったのではないかと、私は推察しています。おそらく、恵信尼さまの心のどこかに、「伴侶は観音の化身《けしん》と告げられた夫の心情を知らされた私は、それをどう受け止めればよいのか」という大きなとまどいがあったことと思われます。しかし、親鸞聖人と恵信尼さまが結婚されたことは、親鸞聖人にとって恵信尼さまは観音菩薩の化身だということになります。夫が自分をそのように思っていてくれることは、嬉しさにもまして面映ゆい気持ちが勝っていたかもしれませんし、時にはそれが背負い難い重荷に感じられたこともあったのではないでしょうか。その意味においても、「さかいの郷」での夢は、恵信尼さまにとってそのとまどいを解きほぐす大きな意味をもっていたと考えられます。原文には「あれは観音にてわたらせたまふぞかし。あれこそ善信《ぜんしん》の御房《おんぼう》よ」と教えてもらったと記されていて、私には、それを聞かれた恵信尼さま

専修念仏停止の法難で親鸞聖人は越後国府へ流罪となり、
その際に上陸されたと伝わる居多ヶ浜
（こたがはま、現、新潟県上越市）。

の悦びが伝わってきます。

仏教において、菩薩とは「悟りを求める者」を意味し、その実践は「自利即利他《じりそくりた》」の仏道を歩むこととされています。つまり、菩薩は、自分が仏に成るために行うことがらが、そのまま、自分以外の他者をみちびき援《たす》けることになる活動をされているのですが、とりわけ観音菩薩は「大慈悲《だいじひ》」の完成をめざす慈悲の菩薩として信じられ、敬われ、親しまれています。

六角堂の夢告《むこく》において観音菩薩から「我成玉女身被犯《がじょうぎょくにょしんぴぼん》」と告げられた親鸞聖人は、そのとき明確に生涯の伴侶の意味を感得されていました。そして、縁あってその伴侶となった妻・恵信尼さまも、また、関東という未知の世界へ向かう旅路の初めにあたって、まさに夫と一味の世界に導かれたのです。

「殿は、観音の化身でいらっしゃる」、そこに、夫の真摯《しんし》な人間性を信頼して共に生きることのより深い宗教的な意味と根拠を信知するとともに、縁あって結ばれた男と女が同行《どうぎょう》二人《ににん》、ともにその伴侶を「観音の化身」と敬愛しつつ浄土へ向かって生きる仏道の真髄を、恵信尼さまははっきりと見定められたのでしょう。

「すえとおった愛」を育てる夢

法然上人は勢至菩薩《せいしぼさつ》の化身であり、夫・親鸞は観音菩薩の化身であると教えられた夢――、それは、恵信尼さまにとって、ただ単純に自分の夢を信じるといったことではなくて、まさにかけがえのない宗教経験でした。

その真実にうなずかれたからこそ、恵信尼さまは娘・覚信尼に「ですから、殿のご臨終がどのようであられましても、お浄土へ往生されたことは確かで、何の疑いもありません」というゆるぎない確信を伝え、また「（私は）心の中では、それからのち、そのことを決して忘れることなく生きてまいりました。あなたもそのようにお心得おきください」と、明確にその気持ちを語っておられるのです。

私がこの手紙を読んで、とくに心を惹《ひ》かれるのは、自らの夢におどろいて目覚めた恵信尼さまが「殿は観音菩薩の化身である」と教えられたことは自分の心に秘めて、法然上人についての夢だけを夫に話し、そこで夫の言葉として、あらためて、法然上人は勢至菩薩の化身であると信じるに足る根拠を聞いて、自らの夢の真実性を確信されたその姿勢です。

正直に言って、初めてこの箇所を読んだとき、私がまず感じたのは恵信尼さまの感性の豊かさであり、その女性としての奥ゆかしい魅力でした。そして、繰り返し読んでいるうちに、そうした感性の豊かさとともに、自分の心の深層にあるものをしっかり見つめてそれを自らのものとする、その誠実かつ聡明な人間性にふれて、言葉では表現しきれない感動をおぼえました。

「夢」というと、何かあいまいで、わけのわからないものとしてほとんど関心をもたないとか、逆に妙にとらわれて不安を感じたり、夢占いに凝るなど、現代の私たちは夢をいい加減にあつかっています。

しかし、現代の深層心理学は「夢」のもつ深い意味、すなわち、自分の心の深層にあるものがその貯蔵庫ともいえる無意識の世界から、夢として意識の領域に湧き上がってくるのをしっかり意識に受けとめることにおいて、より高度に安定したこころの世界へと成長してゆく、いわば、より大きな自己実現の可能性をもっていることを明らかにしました。恵信尼さまはそれを見事に体現されたといえましょう。

この、下妻の「さかいの郷」での夢にかかわる出来事は、手紙の文脈としても、恵信尼さまが覚信尼に対して自分が夫・親鸞の往生《おうじょう》浄土《じょうど》を確信する根拠として記されたことからして、恵信尼さまの宗教経験であったことは明らかですが、同時に、それはそのまま、恵信尼さまの心に夫への「すえとおった愛」を確立させる貴重な経験であったことも明らかです。

「殿は、観音菩薩の化身でいらっしゃる」、それがどれほど妻としての恵信尼さまの心に響くことであったか、いましばし、私の感じることがらを聞いていただければ幸いです。

殿とともに明日を生きぬく決意

私は、恵信尼さまの手紙に越後《えちご》の方言がないことや、建永二年の専修念仏停止の法難《ほうなん》にさいして罪科を問われた人々をみると、法然上人の側近にあった有力門弟すべてに及んでいるというよりも、安楽房《あんらくぼう》や住蓮房《じゅうれんぼう》など、その行動が社会的な注目を集めていた門弟たちが多く、そのなかに法然門下に入られて未だ日も浅い親鸞聖人が連座されていることは、おそらく、すでに妻帯されていたからではないかと考えてきました。そして近年、歴史学の研究が進み、二人の結婚は流罪前の京都であり、恵信尼さまも配流《はいる》の地・越後へ同伴されたとする説が有力になってきました。

そうであれば、当時、こうした政治的な意味をもつ流罪には、受け入れ先の準備もなされるのが普通でしたから、親鸞聖人の場合に、「越後介《えちごのすけ》」という官職を勤めた恵信尼さまの父・三善為教《みよしためのり》の荘園に近い越後国府とされたこともうなずけます。おそらく、九条家をはじめとして、法然上人を慕い念仏をよろこぶ朝廷の要職にある人々が、いろいろと配慮を尽くしたことでしょう。

しかし、いわゆる「通い婚」が一般的であった当時の家族の形態を考えても、配流の地となった越後における家庭生活がどれほど苦難の多いものであったかは、想像するに余りあるものがあります。それは、ただ気候や風土の相違とか、生活環境といった、いわば物理的な問題にとどまらず、人間関係や、自分自身の心理的な葛藤にまで及ぶものであったことは間違いないでしょう。

このようにして、結婚以来、二人の生活は、専修念仏停止に続く越後への流罪という激流に翻弄され続けました。

たとえ夫婦二人だけの日常生活でも、都育ちの恵信尼さまにとっては、どれほど苦労の多い日々であったかと思われます。六人の子女のうち、越後生まれが確実な栗沢《くりさわ》の信蓮房《しんれんぼう》の他、小黒《おぐろ》の女房と益方《ますかた》（在房《ありふさ》）も越後生まれの可能性がありますから、これらの子どもたちの養育を考えると、おそらく、流罪赦免までの五年におよぶ歳月は、無我夢中の日々であったことでしょう。

うち続く苦難のうちに父となり母となった親鸞聖人と恵信尼さまの家庭生活。それを根底から支えたのは、あの東山吉水《ひがしやまよしみず》での聞法の日々に師・法然上人から伝えられた「ただ念仏して」という教えであったことは言うまでもありませんが、恵信尼さまにとっては、何よりも夫・親鸞の真摯な人間性への信頼が大きな支えとなったに違いありません。

越後での生活が五年を経た建暦《けんりゃく》元年（一二一一年）十一月十七日、待ちに待った流罪赦免が決まり、その知らせを受けた二人の心は、「一刻も早く京都へ」と喜びに弾んだことでしょう。しかし、越後はすでに深い雪に閉ざされているうえに、幼い子どもたちを連れての旅だちは、春の雪解けを待たねばなりませんでした。

そこへ、京都から思いもかけぬ知らせが届きました。建暦二年（一二一二年）一月二十五日、八十歳を一期として、生涯の師・法然上人が遷化《せんげ》されたという報せでした。

京都へ帰るか、越後に留まるか、二人の間でどのようなことが語り合われたのか、もちろん誰も知る由はありません。

そして、ほぼ二年を経た建保《けんぽう》二年（一二一四年）、聖人一家は常陸への旅路にあったことが後の手紙（第三通）によってわかるわけですが、その決断に至る具体的なことがらは何も記されていません。おそらくは、かつて法然上人から教えを受けた関東在住の有力な念仏者の招きに応じられたものと考えられていますが、いずれにしても、懐かしい故郷・京都へ帰るのではなく、未知の土地である関東への移住は、恵信尼さまにとってきわめて大きな決断であったことでしょう。

京都から越後へという生活の激変は、専修念仏停止という外的要因の荒波に押し流されたものでした。しかし、東国への旅だちは、夫婦の主体的な決断を求められるものだったのです。

私は、こうした夫婦の歴史を振り返るとき、恵信尼さまがみられた「さかいの郷」での夢は、これまで苦労を共にしてきた夫とともに、明日に向かって生きる覚悟を新たにする大きな意味をもつものであったのだと思います。先にも述べたように、この夢をみられた時期は明らかではありませんが、約二十年に及ぶ関東での生活、そして、帰京の後、晩年を越後で過ごされた恵信尼さまの実像を自身が書かれた娘への私信を通してうかがいしるとき、私の率直な感想を言えば、真実信心に支えられる一人の人間として、真に自立した女性であると思います。

こうした恵信尼さまの人柄には、「本願他力の仏道《ほんがんたりきぶつどう》」という、阿弥陀仏が用意してくださった仏道を歩む縁に出遇《であ》ったゆるぎないよりどころに立つ者の、限りない強さと優しさをはっきりうかがうことができます。そしてその手紙には、愛しい末娘にかける肉親の情を、より大きな宗教的心情の大地に樹《た》て、阿弥陀仏の本願のうちに生かされて生きる幸せを何としても伝えたいというひたむきな思いが、その言葉のはしばしに光っています。

この第一通は、次々と湧きあがる夫との思い出の日々が、ありのままに記されていて、大変長い文になっていますが、このあと、不作が続いた越後での苦しい生活の様子が記されていますので、引き続いて読んでゆきましょう。

第一通――その三

深刻な凶作にあえぐ越後《えちご》の困窮した生活の様子と、そうした状況のなかで幼い孫たちの命を守るための努力と不安が記されている。

（現代語訳）

また、この越後《えちご》の国は、昨年の農作物が特に不作で、言葉にならないひどい状態で、とても皆の命をつなげるとも思えないほどでしたが、そんな状況で、私も住むところを変わりました。凶作は一ヵ所だけでなく益方《ますかた》のほうも、また、頼りにしている人の領地でもみな同じような状態のうえ、世間一般が凶作なので、とても、あれこれと頼みにゆくところもありません。このような状況でおりますうちに、長年おりました使用人も、男性二人が正月にいなくなってしまいました。

どのようにして作物をつくったらよいか、そのてだてもありませんので、いよいよ人の世が心細く思えます。私自身はそう長く生きられる身ではありませんので、この世のことを心に苦しく思う必要もないのですが、いま私は一人暮らしではなく、これらの子どもたち、亡くなった小黒《おぐろ》の女房の女の子と男の子がおりますうえ、益方の子どもたちも、こちらにおりますので、私は何となくこの子たちの母親になったような気がしております。

しかし、みんなが生きのびるのは難しいのではないかと心配しています。

〔添え書き〕

この御文は、殿《との》が、比叡山《ひえいざん》で堂僧《どうそう》として修行しておられましたが、山を下りて六角堂《ろっかくどう》に百日お籠《こも》りになって、後世《ごせ》のことを祈願されたときにいただかれた九十五日目の暁のご示現《じげん》の文です。ご覧いただくようにと思って書きしるしてさしあげます。

凶作にあえぐ越後の生活

この手紙には、凶作にあえぐ越後《えちご》での厳しい生活の様子が、実にリアルにつづられています。農作物の不作は言葉にならないほどひどく、餓死するのではないかと思ったほどで、詳しい事情はわかりませんが、自分も住所を移ったと書かれています。

凶作は広範囲に及んでいて、息子の有房《ありふさ》が住んでいる益方《ますかた》や、他の土地もみな同じような状態で、誰の助けも得られないとも記されています。

そのうえ、長く働いていた使用人も男性二人が正月からいなくなって、春からの作付けの見通しもたたない不安も記しておられますが、それは自分のことより孫たちの生命を何としても守りたいという気持ちです。文面には「小黒《おぐろ》の女房」と呼んでおられる娘の遺児である男の子と女の子を育てているとあり、さらに、益方に住む有房の子どもたちもこちらにいると、越後に住む子どもや孫たちについての貴重な記述があります。

そして、このような苛酷な飢饉のなかをみんなが生きのびることができるだろうかという不安のうちにも、孫たちが身近にいる生活を「なんとなく母親になったような気がして（いる）」と言っておられます。私は、この言葉に恵信尼《えしんに》さまの人柄を傍にいるように感じられて、何かほっとした気持ちになれます。

おそらく、飢饉の実態は、現在の私たちには想像もできないほど深刻な状況であったと思われますが、そのような状況のなかで、自分の命に代えても守ってやりたい孫への気持ちを、こんなふうに表現できる人柄の女性が身近にいるだけで、多くの人が勇気づけられたことと思います。

なお、参考までに申しますと、いま読んだ越後の生活が記された箇所は、第一通の最後にあるのですが、次の第二通・第三通へと続く在りし日の聖人の思い出という文脈の中で、ここだけ急に話題が変わっています。しかも、書かれている料紙の質がこの部分だけ前後の料紙と異なっているため、この越後の状況が記された料紙は、別の手紙のものが混入しているのではないかとも考えられています。

あるいは、第五通以下の越後の状況が伝えられている手紙の一部か、他の料紙が失われた手紙の一部かもしれませんが、いずれにしても、当時の越後の状況を伝える貴重な内容であることに変わりはありません。

短い「添え書き」が語る重要な事実

第一通は、厳しい越後の飢饉の記述で終わっているのですが、実は、この第一通の前の余白に、「裏端書《うらはしがき》」と呼ばれている添え書きがあります。

それは、先の第一通・その一の手紙に記されていた、親鸞聖人《しんらんしょうにん》が六角堂《ろっかくどう》で観音菩薩《かんのんぼさつ》からいただかれたお告げの言葉、つまり「ご示現《じげん》の文《もん》」についての添え書きですが、その「ご示現の文」そのものは手紙の文中には書かれていませんでした。しかし、この添え書きによって、「ご示現の文」は別紙に書いて同封されたことがわかります。原文で読むと、恵信尼さまの気持ちがよく伝わってくるように思いますので、参考までに原文を引用しておきます。

この文《もん》ぞ、殿の比叡《ひえい》の山に堂僧《どうそう》つとめておはしましけるが、山を出《い》でて、六角堂に百日籠《こも》らせたまひて、後世《ごせ》のこといのりまうさせたまひける九十五日《くじゅうごにち》のあか月の御示現の文なり。御覧候《そうら》へとて、書きしるしてまゐらせ候ふ。

そして、この短い添え書きには、それまで知られていなかった比叡山での親鸞聖人について、新しい事実が記されていました。それは、六角堂に百日お籠りになる前、親鸞聖人が「堂僧」をつとめておられたという事実です。

堂僧というのは、比叡山の常行《じょうぎょう》三昧堂《ざんまいどう》で不断念仏《ふだんねんぶつ》をつとめる修行僧のこととされていますが、この不断念仏というのは、例えば、七日間とか二十一日間、長期には九十日間というように一定の期間を決めて、昼夜を分かたず不断に阿弥陀仏《あみだぶつ》を念じつつ行道《ぎょうどう》し、まのあたりに阿弥陀仏のお姿を仰ぐことをめざす厳しい修行として知られています。平安時代の初期に唐に渡って仏教を学び、帰国して後には第三世天台座主《てんだいざす》となった慈覚大師円仁《じかくたいしえんにん》によって確立された聖道門《しょうどうもん》・自力《じりき》の念仏修行ですが、その伝統は平安時代中期に『往生要集《おうじょうようしゅう》』を著わした恵心僧都源信《えしんそうずげんしん》によって大成し、比叡山における念仏修行は日本浄土教に一大画期をもたらしたのです。

親鸞聖人が堂僧をされていたということは、こうした比叡山の念仏修行をされていたわけです

雪の比叡山
若き日の親鸞聖人が 20 年の間、修行されていた。
標高 848.3 メートル、京都と滋賀の県境に位置し、冬は冠雪する。この山に、伝教大師・最澄が延暦寺をひらいた。

から、すでにその頃から、後に法然上人《ほうねんしょうにん》の説かれる専修念仏《せんじゅねんぶつ》の道を歩まれるに至る縁が、自ずと芽生えていたといわねばなりません。

先に私が、六角堂に参籠《さんろう》された理由の一つとして、法然上人の教えを受けるかどうかを決断する場としての意味があったのではないかと申しましたのも、この添え書きの文で「堂僧」から「不断念仏」「源信」などが想起され、「念仏」というキーワードが鮮明になっていると思うからです。

第二通

六角堂《ろっかくどう》での「ご示現《じげん》の文《もん》」を書き送る恵信尼《えしんに》さま自身の気持ちや、越後《えちご》の状況、自分の体調などが記されている。

（現代語訳）

この、六角堂《ろっかくどう》でいただかれた御文を書きしるしてさしあげますのも、殿《との》がご存命のあいだは話す必要もありませんので申しあげなかったのですが、ご往生《おうじょう》なさったいまは、殿がこのようなお方であられたということを、あなたのお心のなかにだけでも覚えておいてくださるようにと思って、書いてさしあげるのです。よく書く人（文字を上手に書かれる人）にきれいに書いてもらってお持ちになってください。

また、あの、殿のお姿を描いた御影《ごえい》（肖像画）の一幅《いっぷく》を欲しいと思っております。

あなたがまだ幼く八歳だった年の四月十四日から、風邪をひかれた殿の容態が大変重くなられた時のことなども書きしるしております。

今年、私は八十二歳になりました。一昨年の十一月から去年の五月までは、今か今かと臨終の時日《ときひ》を覚悟していましたが、今日までは死なずにおりますものの、今年の飢饉にはきっと飢え死にすることもあるのではないかと思っております。

このようなお便りをいたしますのに、何も差しあげることができないのは、本当に気になりますが、どうすることもできません。

益方《ますかた》殿にも、この手紙の内容をそのままお伝えください。ものを書くことも気が重いありさまですので、益方殿には別に手紙を書くことはいたしません。

二月十日

家庭生活のうちに歩む仏道

この手紙には、先の第一通にある六角堂《ろっかくどう》での「ご示現《じげん》の文《もん》」を、わざわざ別紙に書いて娘に伝えようと思われた理由がわかりやすく記されていますが、先述のように、その別紙はこれまで見つかっていません。しかし、文中に、「よく書く人」にきれいに書いてもらうようにと記されていますので、娘・覚信尼《かくしんに》はきっとそうされたと思います。また、親鸞聖人《しんらんしょうにん》の肖像画を「あの、殿のお姿を描いた……」という表現で所望しておられるのも、晩年になって、おそらく三善《みよし》家の荘園の管理や京都での生活の困難などで、手紙の中に名前が出てくる益方《ますかた》（有房《ありふさ》、出家して道性《どうしょう》）や小《お》黒《ぐろ》の女房、栗沢の信蓮房《しんれんぼう》（明信）などの子供たちと共に越後で生活されるまでの、京都での家族の暮らしをいつも身近に感じておられる様子が伝わってきます。

同時に私は、ここに「御影」という言葉が出てくることで、覚信尼がその「ご示現の文」を「よく書く人」に依頼するにあたって、聖人の肖像画の画讃《がさん》として書いてもらった可能性もあるのではないかと思います。これは、もとより私の推測にすぎませんが、もう少しそのイメージをひろげることを許していただけるなら、「行者宿報設女犯《ぎょうじゃしゅくほうせつにょぼん》……」の偈文《げもん》を讃《さん》とする「熊皮《くまがわ》の御影」が、その可能性を秘めているように思われます。

先に私は、六角堂の夢告の四句文の核心は後半の二句文にあるとする考えを述べました。もとより、若い男性の修行者にとって性の問題が大きな課題であることは、決して不自然なことではありませんから、このお告げに関して具体的な女性問題や結婚問題の存在を考えることもできないわけではありませんが、私は、この六角堂での夢告に関しては、具体的な女性問題というより「聖徳太子」「在家の仏道」「専修念仏」といったキーワードでたどることのできる「後世」の問題であったと考えるのが妥当だと思います。しかも、こうした視点に立てば「結婚」「家族」「在家の仏道」の具体的な場面においては、前半の二句が大きな意味をもっていることを真摯に受けとめねばなりません。

それにしても、最初に目に入ってくる女犯という言葉は、修行僧のみならずこの文を目にする者に極めて強烈な印象を与えます。この四句文の核心が後半の二句にあり、在家仏教の真髄に触れる内容であるとしても、当時の人々が一般的にもっている修行僧のイメージからは全く想像もできない衝撃的な言葉であったに違いありません。

失礼を省みずに言えば、「親鸞伝絵《しんらんでんね》」という伝記絵巻で新しい伝道の場を切り拓こうとされている覚如《かくにょ》上人にとっても、この四句文をどう取り上げるかということは、きわめて困難な課題であったと思われます。かくして、覚如上人は、この四句の文には全くふれず、「一切群生《いっさいぐんじょう》にきかしむべし（すべての人々にひろく説き伝えよ）」という言葉に視点をおいて、これを聖人の関東での伝道活動の予知夢とする視点を強調されたのでした。

また、恵信尼さまは娘に「ご示現の文」について伝えるにあたって、手紙の本文に書くことはされませんでした。私はそこに、乙女のはじらいにも似た恵信尼さまのこころの初々しさを感じますが、覚信尼もまた、その文をわざわざ別紙に書いて送ってくれた母のこころを、言葉にならない静かなよろこびのうちに受けとめたにちがいありません。

なお、この手紙の文中に記された、「あなたがまだ幼く八歳だった年……」という記述から、覚信尼が生まれたのは元仁《げんにん》元年（一二二四年）、親鸞聖人五十二歳、恵信尼さまは四十三歳であったことがわかります。

　では、次に、この手紙のなかで、「四月十四日から、風邪をひかれた殿の容態が大変重くなられた時のこと」と記されているその手紙、つまり、第一通、第二通と同じ二月十日付の第三通をこれから読んでゆくことにしたいと思います。

山寺薬師への道から望む板倉の里
親鸞聖人が配流となった越後国府。その南の板倉の山地に三善家ゆかりの山寺薬師がある。恵信尼が晩年を過ごしたのも板倉といわれる。

第三通

寛喜三年（一二三一年）、親鸞聖人《しんらんしょうにん》は風邪の高熱の中で経典を読み続ける自分を意識する体験をされた。これは、かつて関東への移住途中で衆生利益《しゅじょうりやく》のためにと三部経《さんぶきょう》千回読誦《どくじゅ》を始めたが、その間違いに気づいて中止したことが未だ心の底に記憶されているからだとして、自力《じりき》の執心《しゅうしん》の根深さを自省された様子が伝えられている。

（現代語訳）

善信《ぜんしん》の御房《おんぼう》（親鸞聖人）は、寛喜《かんき》三年四月十四日のお昼ごろから風邪の症状が出て、夕方からは病状が重くなって床に臥《ふ》されましたが、腰や膝を叩いたり擦《さす》らせもせず、まったく看病人も寄せつけず、ただ静かに寝ておられますので、お体にふれてみますと体温が火のように熱く、頭痛のはげしさも、ただごとではない病状でした。

そして、床に臥されて四日目の明け方、苦しいなかで「まはさてあらん（まことにそうであろう）」とおっしゃるので、「どうされたのですか？ うわごとを言われたのですか？」と申しますと、

「うわごとではない。臥せって二日目から『無量寿経《むりょうじゅきょう》』を休むことなく読み続けていた。たまたま目を閉じると、お経の文字が一字も残らず、きらきらと、はっきり見えるのだ。さて、これはどうしたことか、不思議なことだ。念仏の信心よりほかに心にかかるどのようなことがあるというのかと思って、よくよく考えてみると、いまから十七、八年前、心をこめて浄土《じょうど》三部経《さんぶきょう》を千部読んで、衆生《しゅじょう》利益《りやく》（世の人々の救い）のためにつくそうと読みはじめていたが、これはどうしたことか。『自信教《じしんきょう》人信《にんしん》、難中《なんちゅう》転更《てんきょう》難《なん》』と善導大師《ぜんどうたいし》がいわれているように、阿弥陀如来の本願《ほんがん》を自ら信じ、人にも教えて信じていただくことが、阿弥陀仏のご恩におこたえする本当の姿と信じながら、『南無阿弥陀仏』とそのお名号《みょうごう》を称える他に何が不足でお経を読まねばならぬと考えたのだろうかと反省して、千部読経を中止したことがあった。そのことがなお少し心に残っていたのだろうか。人間の自力の執心《しゅうしん》、自力の信心への思いは、どれほど抜きがたいものであるか、よくよく考えねばならないと反省してからは、お経を読み続けることがなくなった。それで、床に臥して四日になる明け方に『まはさてあらん』と言ったのだ」

とお話しくださり、やがて流れるほどの汗をかかれて風邪も治られたのでした。

十七、八年前、浄土三部経を心をこめて千部読もうとなさったのは、信蓮房《しんれんぼう》が四歳の年で、武蔵《むさし》の国でしたか上野《こうずけ》の国でしたか、佐貫《さぬき》というところで読みはじめられて、四、五日ばかりして思い返して読むのを止められ、常陸《ひたち》の国へおいでになったのでした。

信蓮房は、未の年（承元《じょうげん》五年、一二一一年）三月三日の昼に生まれましたので、今年は五十三歳であろうと思います。

弘長《こうちょう》三年二月十日　恵信

自己の心の深層をみつめる

この第三通で、二月十日付の恵信尼《えしんに》さまの手紙をすべて読み終えることになりますが、何としても娘・覚信尼《かくしんに》に伝えておきたいと思うことを、一気に書きつづられたその熱い思いとエネルギーに、ただただ頭が下がるばかりです。

手紙の内容は風邪で臥せった病床での出来事ですが、親鸞聖人が自身の信心や心の奥の奥までみつめておられる内省の深さなどが実に生き生きと伝えられていて、いまこの手紙を読んでいる私自身があたかもその場にいて聖人の言葉を聞いているような感動をおぼえます。

とりわけ、浄土三部経《じょうどさんぶきょう》を「衆生利益《しゅじょうりやく》のために」千部読もうとはじめられた聖人が、その誤りに気づいて中止されたこと、そして、その時のことを十七、八年も後に再び思い出して反省されているという事実は、仏の教えを信じるとはどういうことなのか、仏の教えを信ずる者の在り様とは、といった問いを、私たち一人一人に投げかけられているように思われます。

ここで、少し確認しておかねばならないことは、お経とは何かということです。たとえば『仏《ぶっ》説阿弥陀経《せつあみだきょう》』というように、お経は「仏説」つまり、仏さまが説かれた言葉であり教えであるということです。もっと簡明にいえば、仏陀《ぶつだ》となられたお釈迦さまの教えであり、しかも、私たち一人一人がどうしたらお釈迦さまと同じように仏陀になれるかということを説かれたものですから、時の流れを越え、民族や国や文化を越えて大切に受け伝えられてきたのです。こうした長い仏教伝播の過程で、その尊い仏説であるお経は、たとえ意味がわからなくても、読むだけでも聞くだけでも大きな功徳があるという素朴な信仰も自然にひろがってきました。

そこでは、読経《どっきょう》という宗教儀礼が、ただご利益があればよいといった世俗の欲望を満たすための手段と化してしまう間違いも生じてきました。お経を読むということは、仏陀の説かれた真実を聞くということであり、その真実とは、この私が生死《しょうじ》の苦海《くかい》から脱して仏陀と成る、その実践と一つのものであることを、私たちは決して忘れてはならないのです。

親鸞聖人の比叡山《ひえいざん》における二十年の修行も、ひたすらその仏道を歩む日々であったことは、あらためて言うまでもありません。そして、その全身心をなげうった精進《しょうじん》努力によってはっきり見えてきたのは、わが身わが心の深奥から湧き出る煩悩《ぼんのう》の深さでした。仏の教えを仰ぎ、仏道を歩むということは、日常は気づかぬそうした自己の本当の姿に気づかされることだったのです。

それは、やがて親鸞聖人が生涯の師と仰がれることになる法然上人《ほうねんしょうにん》の三十年に及ぶ求道《ぐどう》においても、例外ではありませんでした。比叡山での真剣な修行によって「智慧《ちえ》第一の法然房」とまで称えられるに至ったとき、法然上人自身がはっきり自覚されていたのは「愚痴《ぐち》の法然」という深い自己洞察であり、自力修行の限界でした。

その自己発見は、たとえ明日の生命があるとしても、それはただ無明《むみょう》の闇の中をさまよう以外にない、地獄必定《ひつじょう》の絶望をもたらすものでした。そして、その暗黒の闇のなかにほの見えた一筋の光明こそ、「念仏衆生《ねんぶつしゅじょう》　摂取不捨《せっしゅふしゃ》」と誓って阿弥陀如来が成就された念仏往生の仏道でした。

自己の無力の気づきが、そのまま、この煩悩そのものの私のすべてを、阿弥陀如来の大きな慈悲のはたらきにお任せして生きる本願念仏《ほんがんねんぶつ》の仏道へと導いてくれたのでした。

「専修念仏《せんじゅねんぶつ》」と呼ばれるその仏道を、法然上人が自ら信じ、かつ、人々にもすすめてくださっている世に生まれ合わせ、その教えを身近にあって受けることの幸せ――。親鸞聖人にとって、この世に人間として生まれた意味のすべてが、ここに極まる思いであったことがうかがえます。

深い宗教経験を共有する夫婦の姿

かくして、まさに遇《あ》い難くして遇い得た本願他力の仏道へ「ただ念仏して――」と導いてくださった法然上人の言葉のままに生きている自分が、いつしか経典を数多く何回も読むという行為を行っている。そこに「衆生利益のため」という利他《りた》の心が働いているとしても、その利他の心の奥底に、いつしか、自力のとらわれが頭をもたげてくる。その、わが身わが心の奥底にあるものへの気づきという、深い深い信心の世界が、ここには実に鮮明に伝えられています。

真の衆生利益とは何か。特に現世《げんぜ》の利益を望むことにとらわれがちな日本人の宗教意識の背後にあるものをしっかり見極めるためにも、私たちは、この、三部経千部読誦をはじめながら、ハッとその誤りに気づいて中止された聖人の行動に深く学び、真剣に考えることを怠ってはならないと思います。

親鸞聖人が、何ゆえ三部経を千部読もうとされたのか、具体的な状況は何もわかっていませんが、「衆生利益のため」とありますから、人々の願いをかなえてあげたいという、やむにやまれぬ気持ちであったことは疑いありません。疫病が流行していたのか、日照りや日照不足など、凶作につながる天候不順が続いていたのかもしれません。当時は、そうした人智を超えた災難に直面すると、さまざまなご祈祷をしたり、お経を読んで仏の加護を願うということが一般に行われていましたから、おそらく人々の願いを受けてのことであったのでしょう。

しかし、四、五日してその間違いに気づかれ、経典読誦を中止して常陸《ひたち》へと旅立ったと恵信尼さまは記しておられます。しかも、その時のことが、十七、八年を経て、風邪をひいて病臥し高熱に苦しむ聖人の脳裏によみがえってきたのでした。

そこでの深い内省を親鸞聖人は「まはさてあらん」という言葉で恵信尼さまに語られましたが、この言葉をどう現代語訳すればよいのか。私は「まことにそうであろう」と現代語訳しましたが、実は、この言葉については、「これからは、そうしよう」とか「もう、やめよう」といった現代語訳をされている先生方も多くおられます。どちらも、親鸞聖人の深い内省から出た言葉として受けとめる点では同じなのですが、私は、自力の執心のいかに抜きがたいかを実感された言葉として、「まことにそうであろう」といった表現を採りました。おそらくこの言葉の深い意味は、繰り返しくりかえしこの手紙を読むことで自ずと、はっきり、「まはさてあらん」とわかるのではないかと思っています。

もっとも、親鸞聖人はその深い内省の一端を「自《じ》信教人信《しんきょうにんしん》　難中転更難《なんちゅうてんきょうなん》（みづから信じ、人を教へて信ぜしむること、難きがなかにうたたまた難し）」という善導大師《ぜんどうだいし》の言葉を引用しておられますから、「まはさてあらん」とは、まさにその真実にうなずかれている言葉でもあると言えます。

そして、何よりうれしく、ありがたいことは、この言葉が恵信尼さまの言葉となって私たちに届けられたということです。なぜなら、私はそこに、親鸞聖人の自己の心の深奥を見つめる真摯な姿とともに、こうした個人の心の奥底にかかわる問題が、夫婦の会話の中で共有されている――、そこに在家仏教の深い意義を教えられるからです。

小島の草庵跡
流罪を赦免されたあとも親鸞聖人は越後にとどまり、その後、家族とともに東国に向かわれた。
ご一家は、上野国の佐貫を経て、さらに東に向かわれ、そして約３年を常陸国にある小島の草庵で過ごされたと伝えられている。筑波山を望む、現、茨城県下妻市小島である（昭和 50 年頃撮影）。

第四通

前の手紙に書いた夫・親鸞聖人《しんらんしょうにん》が風邪をひいた時の日付けが、日記をみると間違っていた、と訂正された手紙。

（現代語訳）

お手紙の中に、先年、寛喜《かんぎ》三年の四月四日から殿がご病気になられていたときのことを書きしるして入れておきましたが、その時の日記をみましたら、四月十一日の明け方に「まはさてあらん」とおっしゃったのは、そのまま四月十一日の明け方と記してありました。

それを数えてみますと、八日にあたりました。四月の四日からは八日目にあたります。

わかさ殿、言上願います　ゑしん

日記をつけておられた恵信尼さま

この第四通は、日付けは記されていませんが、先ほど読んだ第二通と第三通に書かれている親鸞聖人が重い風邪をひかれた時期についての日付けの訂正ですから、おそらく二月十日からさほど日時が経っていない時に書かれたと考えられます。

先に読んだ第二通、第三通では、親鸞聖人が風邪気味になって病臥された日を四月十四日と書いてあり、病臥されて四日目の明け方に、「まはさてあらん」とおっしゃったと書いてありましたが、この、日記をみて訂正された手紙をみますと、恵信尼さまは自分が四月十四日と書いたことには気づいておられないようで、「まはさてあらん」と言われたのは、四月十一日の明け方、つまり、病臥されたのは四月四日で、その日からは八日目にあたると書いておられます。

それはともかく、この手紙で特に注目されるのは、恵信尼《えしんに》さまが日記をつけておられたことがわかることです。このことは、すでに申し上げたように、恵信尼さまが三善為教《みよしためのり》の娘として京都に生まれ育ち、さらに九条《くじょう》家に仕えて、当時の女性としてはきわめて高い教養を身につけておられたことを示すものです。それとともに、昔の日記を参照して訂正の手紙を書かれているというところから、おそらく八十歳をすぎても日記をつけておられたと推察できます。

しかも、三十数年も前の日記を参照して、娘に正確な日にちを知らされていることに、あらためてその誠実な姿勢に心うたれるとともに、これらの手紙を読んだ娘・覚信尼《かくしんに》にとっても、そこから自ずと伝わってくる母の思いを、そのまま素直に受けとめることができたのではないかと思います。

【第五通～第八通】

恵信尼、老いを生きる

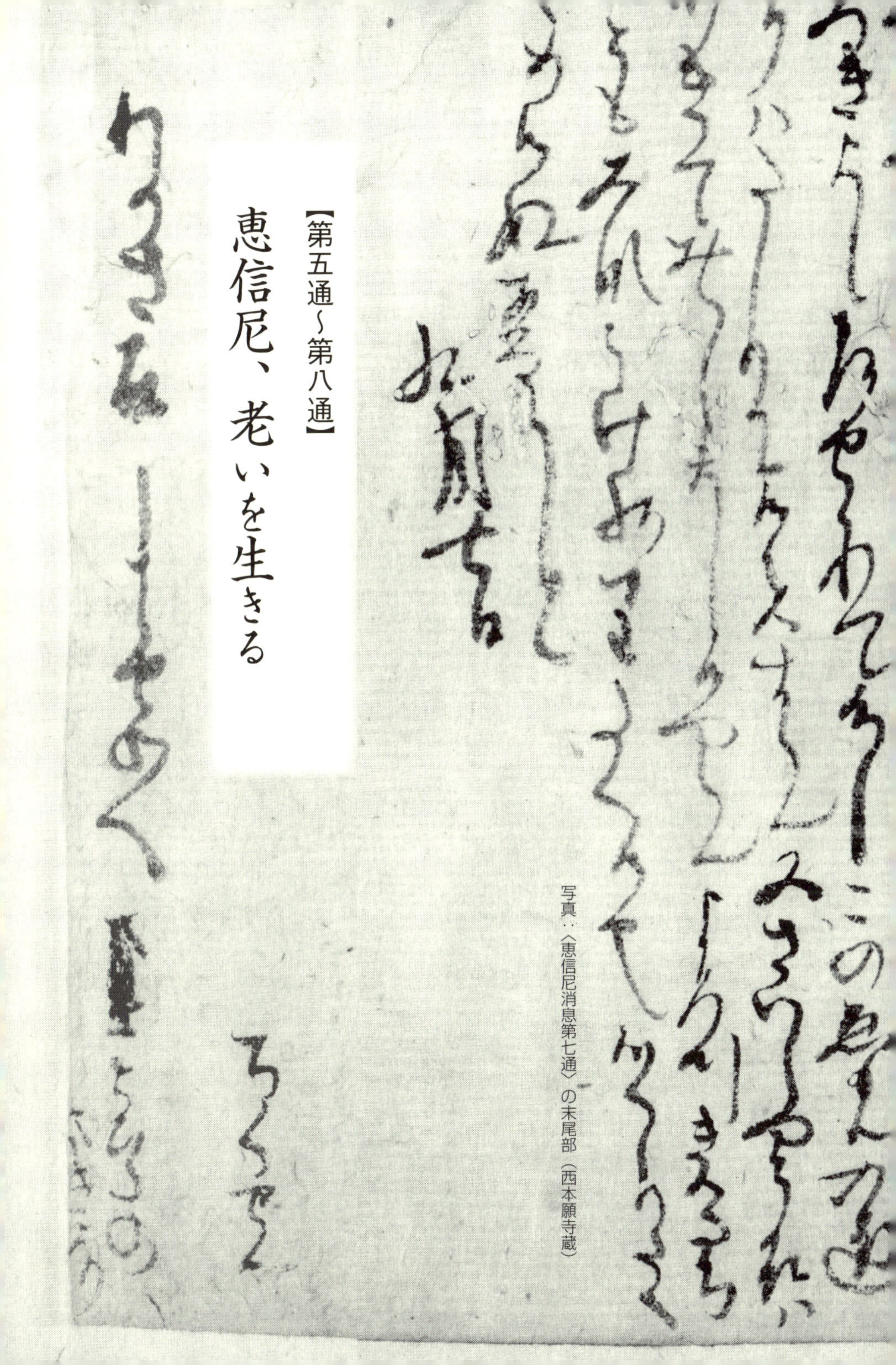

写真：〈恵信尼消息第七通〉の末尾部（西本願寺蔵）

第五通

越後《えちご》の深刻な飢饉の状況と、五重の石塔を建てたいと願っていることや、使用人のことなどが記されている。

（現代語訳）

もしかして、京都まで届けてもらえる便《びん》があるかと思い、「ゑちう」へこの手紙は送ることにしました。

さて、先年、私は八十歳になった年に生命にかかわるような大病をしました。

八十三という歳は人間は生命が尽きるときだと、学識のある人々の書かれたものにも同じように言われていますので、私も今年は死ぬことであろうと思い定めていますが、生きているうちに卒塔婆《そとば》を建ててみたいと思って、五重の石の塔を丈《たけ》七尺につくるよう注文しましたところ、塔師も造ろうと言ってくれましたので、出来あがりしだい建ててみたいと思っています。

けれども、昨年の飢饉には、何より、益方《ますかた》の子どもたちと私が育てている小黒《おぐろ》の女房の子どもたち、その他の幼い子どもたちが、上の者も下の者も多くおりますのを飢え死にさせまいといたしましたので、着るものもなくなりましたうえ、白い衣類も一つも着ませんでしたので（以下、欠落）

一人です。また、「おとほうし」と申していました男の子が成人して、今は「とう四郎」と呼ぶようになりましたが、この者に、あなたのところへ行くよう申しましたので、そのつもりでいてください。「けさ」の娘は十七歳になりました。それから、「ことり」という女は、子どもが一人もおりませんので、七歳になる女の子を育てさせております。その子は親と一緒にあなたのところへ行くことになっております。

申しあげたいことが多くて、すべてを書きつくせませんので、ここで筆をおきます。

あなかしこ　あなかしこ

五重の石の塔を建てたいと願う

この手紙は文中に八十三歳になったと書かれていますから、弘長《こうちょう》四年（一二六四年）の手紙ということになります。この年は二月二十八日に年号が文永《ぶんえい》に改められますので、それ以後に書かれたとすれば文永元年の手紙ということになりますが、月日は記入されていないので詳しいことはわかりません。

この手紙で注目されるのは、恵信尼さまは自分が生きているうちに卒塔婆《そとば》を建てようと思われ、高さ七尺の五重の石塔を注文したと記されていることでしょう。

卒塔婆というのは、インドの言葉であるスツーパの発音を漢字の音に当てたもので、いわゆるお墓のことです。生きているうちに建てる自分の墓を寿塔《じゅとう》といい、おそらく、恵信尼さまはそれを建てようと思われたのではないかと推定されていますが、その動機や理由はわかりません。

私にはそれがただ恵信尼さま自身の墓というより、第一通ですでに先立ったことが記されている小黒《おぐろ》の女房や、同じく越後《えちご》の地で生涯を終えたと思われる高野禅尼《たかのぜんに》とよばれる娘たちのことも、恵信尼さまの心のどこかにあったのではないかと思われてなりません。また、関東の門弟が親鸞聖人の遺骨を分骨して墓塔を建てていることを思うと、聖人の分骨を考えておられたとしても不思議ではないと思います。しかし、この卒塔婆の記述があることで、現在の新潟県上越市板倉区にある五輪塔が恵信尼さまの墓塔であると昭和三十年代になって特定されたことは、大変意義深いことだと思っています。

また、前年、弘長三年の大飢饉に、自分がひきとって養育していると書かれている小黒の女房の子どもや、益方《ますかた》に住む有房《ありふさ》の子など、自分の孫たちはもとより、使用人の子どもなど多くの幼い命を守るために、「着るものもなくなった」と言っておられるほどの苦しい状況のなかで、懸命に生きぬこうとされている切迫した様子が文面から伝わってきますが、手紙が途中で欠落していて詳しいことはわかりません。

この第五通からは、「とう四郎」「けさ」「ことり」など、何人かの使用人の名前やその状況がいろいろと記されています。これは、恵信尼さまが当時の社会制度のもとで実家の三善《みよし》家の荘園に所属する何人かの使用人の身分を預かる権利と責任をもっておられ、したがって、それらの人たちの何人かが京都に住む娘・覚信尼《かくしんに》のところで働いたり、また越後へ戻ったりしていたこともわかります。そして、そこに生じる人間関係にまで及ぶさまざまな配慮に、恵信尼さまの人柄をうかがうことができます。同時に、そこに記された恵信尼さまのこまごまとした記述は、当時の身分制度がどのような仕組みになっていて、それが京都と地方との関係の中でどのように機能していたのかといったことを知るうえでも、貴重な資料としての意味をもっていることを申し添えておきたいと思います。

恵信尼の墓塔
新潟県上越市板倉区で昭和 31 年に発見された五輪塔。恵信尼文書の発見により、恵信尼さまの墓塔と考えられたため、昭和 38 年に本願寺国分別院の飛地境内として整備された。平成 17 年に「ゑしんの里記念館」が隣接され、御廟所も一新された（昭和 53 年 11 月撮影）。

第六通

先の手紙に書かれた五重の石塔の進捗状況の他、飢饉の影響や使用人の消息、そして、末っ子である覚信尼《かくしんに》への想いが切々と記されている。

（現代語訳）

手紙をとどけてくださる便《びん》があるということで、うれしく、お便りをさしあげます。

これまでもたびたび、こうした便があるたびにお手紙を出しましたが、お手元に届きましたでしょうか。

私は今年八十三歳になりました。去年と今年は、死に年といわれていますから、いろいろなことをいつも聞かせていただきたいと願っていますが、確かな幸便もありません。さて、生きているうちにと思いまして、五重で高さ七尺の石塔を注文していたのが、まもなく仕上がるように言ってきましたが、私も今は住所なども移りましたうえ、飢饉のときに使用人もみな逃げて居なくなりました。なにごともすべて頼りになるものはありませんが、それでも生きている間に建ててみたいと思いまして、それがこのほど仕上がって、こちらへ運べるほどになったということを聞きましたので、どうにかして生きている間に建ててみたいと思っていますが、どうなりますことやら。そのうちに、私が死ぬようなことになりましたら、子どもたちに建ててもらいたいと思っています。

どのようなことでも、私が生きている間は、たえず様子を聞かせていただきたいと思っていますが、あなたと私は、はるか雲の彼方《かなた》にいるように遠くへだたって暮らしておりますから、心のこもった親子の縁が結ばれていないようにさえ思われます。

とりわけ、あなたは末っ子ですから私には愛おしくてなりません。お目にかかることまではできないでしょうが、たえずあなたのことをお聞きすることさえできないのは、本当につらいことでございます。

五月十三日

〔追伸〕

ともかく、あなたのところへ行くことになっている人たちは、以前から居りました「けさ」と申します者も娘が亡くなりました。いま「けさ」の娘は一人いますが、「けさ」自身も病気がちです。それから、「おとほうし」と申しました子は、成人して「とう四郎」と名のりました。この者と、女の子で「ふたば」と申します今年十六歳になります者を、あなたのところへ行くように申しました。

いろいろなことを、すべて手紙に書くことができませんので、ここで筆をおきます。また、以前からこちらに居ります「ことり」に、七歳の子を養育させております。

五月十三日（花押）

〔追伸〕

この手紙は確実にあなたのところへ届く便と思います。そこで、詳しく詳しくお知らせしたいと思うのですが、手紙を届けてくれる者が、もうすぐ出発するといって急いでいますので、詳しくは書くことができません。また、この「ゑもん入道《にゅうどう》」殿が手紙を届けようと言葉をかけてくださったことを、うれしく思っております。この便は信頼できますので、どのようなことでも詳しくお話しなさってください。

あなかしこ

苦労のさなかにも忘れぬ娘への思い

この手紙には八十三歳になった五月十三日とありますから、文永元年（一二六四年）に書かれたものです。うちつづく飢饉で言葉に尽くせぬ苦労のつづくなか、齢《よわい》すでに八十三歳をすぎて、いよいよ今生《こんじょう》の別離の時が近いことを実感されている恵信尼さまの心境が伝わってきます。卒《そ》塔《と》婆《ば》についても本当に建てられるかどうか不安を感じておられるようです。

そして、こうした自分自身の苦難のうちにも、末っ子である娘・覚信尼《かくしんに》を気遣う母親の心情が言葉のはしばしに溢《あふ》れています。会いたい、話したいと思えば思うほど、老いの身には京都と越《えち》後《ご》の遠さが身にしみます。この第六通には、その切ない気持ちが他のどの手紙よりも率直に記されています。とりわけ、「あなたは末っ子ですから私には愛おしくてなりません」と現代語訳した箇所は、はたして原文の「ことには末子《おとご》にておはしまし候《そうら》へば、いとほしきことに思ひまゐらせて候ひしかども」という文面から伝わるものをどこまで受けとめられているか、ただ私の非力をもどかしく思います。

また、最初に、それまで何度か書いて託した手紙に覚信尼からの返事がなかったことをうかがわせる文面があり、最後にはどのようなことでも聞かせてほしいと書かれていることから、私は自分自身の若い頃を思い出して、母が心待ちにしているほどには娘が手紙を書かなかったのだろうと、単純に考えて読み過ぎました。しかし、追伸に記された文面を読むうちに、手紙ひとつ届けてもらうにも大変な苦労があること、また、京へ上る人を頼りに、しかも確かに届けてもらえると信頼できる人に託すわけですが、その人の都合で急に手紙を書くこともあれば、書いているあいだにも、「もう出発しなければ」と急かされると途中で筆をおくなど、当時の文通手段の困難な様子を知り、母の思いの切実さを想像して絶句しました。

そうしたなかで書かれた手紙が、実に七五〇年に及ぶ時空をこえて、いまこうして私たちが読めると思うと、ただありがたいという言葉しかありません。

稲田の西念寺（茨城県笠間市稲田）
親鸞聖人はここ稲田の草庵で約二〇年にわたり、恵信尼さま、子どもたちとの家庭生活を過ごされたとされる。『教行信証』の執筆を進められたのもここでのこと（昭和52年7月撮影）。

第七通

八十六歳になって、昨年来続いている下痢や頭のはたらきの衰えなどを記されているが、使用人の一人ひとりの近況が詳しく書かれている。また、娘・覚信尼《かくしんに》から小袖《こそで》をもらったことの喜びや、孫の消息をもっと知りたいと記されている。

（現代語訳）

確かな幸便があり、うれしく、お便りをさしあげます。

それから、私は昨年の八月ごろから下痢が続いて苦しく、それが未だにすっきりせず、なにかにつけわずらわしくて困っています。その他のことは、年のせいですが、いまはもうろくして、頭もはっきりしません。今年は八十六歳になりましたよ、私は寅《とら》年生まれですから。

また、あなたのところに行くことになっている使用人たちも、身の上に、いろいろ変化がありまして、「ことり」と申します以前から居ります者が、「三郎た」という者と連れ添っていましたが、「三郎た」は出家して「さいしん」という名になりました。この「さいしん」には血族関係のある「むまのぜう」とかいう武家に仕える者がいますが、その娘で今年十歳ほどになる子がいます。娘の母親はとてもおだやかな、かわいい人で、名を「かが」といい、私が使っていましたが、先年、熱病が流行したときに亡くなりました。親が亡くなりましたので、その娘を子どものいない「ことり」にあずけております。

それから、また、「けさ」と申しました者の娘で「なでし」という名の、とてもよい子がいましたが、この子も熱病で亡くなりました。母親の「けさ」は居りますが、長年、頭に腫《は》れものができて治らず、それも今は病状が重く、回復する見込みがないと申しております。「けさ」にはもう一人、娘がいますが、その娘は今年二十歳になります。この娘と、「ことり」、そして「いとく」がいます。

それから、以前そちらに居りましたとき「おとほうし」と申していましたが今は「とう四郎」と名乗っています者に、京都のあなたのもとに行かせたいと申しましたら、父母を残して行くことはできないと言っているようですが、それは私がどのようにも取りはからいたいと思っております。田舎でも人を探して代わりの人を差し向けることはできるので、栗沢《くりさわ》の信蓮房《しんれんぼう》がまいりましたら相談したいと思っております。代わりの者は何人か居るとは思います。しかし、「とう四郎」ほどよい男は世の中に少ないのではと言っております。

また、小袖をたびたびお送りいただいて、うれしく存じます。いまは、これを「よみぢ小袖（死に装束）」にして、下に着る絹の衣類もあるようですから、何とも申しあげようもなく、うれしく存じます。あまり着古したものではと、死んだときのことを心にかけないわけにはゆきません。いまは、その時日を待っている身でございますから。また、確かに届くような便のある時に小袖をくださるようにおっしゃっていましたが、この「ゑもん入道《にゅうどう》」の便は確かで信頼できるだろうと存じます。

また、あなたのお子さまの宰相《さいしょう》殿（覚信尼の娘・光玉《こうぎょく》）は、おちつかれたのでしょうか。なにごともみな、お子さま方のことなど、みなうけたまわりたく存じます。

いろいろ、もう書ききれませんので、ここで筆をおきます。

あなかしこ　あなかしこ

九月七日

〔追伸〕

また「わかさ殿」も、今では年も少しとられたことでしょう。本当になつかしく思います。年をとりますと、昔はどうかと思っていた人でも、なつかしく、会いたいと思います。「かこのまへ」のことはお気の毒で、「上れんぼう」のことも思い出されて、なつかしく存じます。

あなかしこ　あなかしこ

「わかさ殿」言上ください

「とひたのまき」より

ちくぜん

八十六歳の恵信尼さま

この第七通は、かなり長い手紙で、九月七日という日付けしかないものの、最初に、今年は八十六歳になったと記されていますから、そこから文永《ぶんえい》四年（一二六七年）九月七日付の手紙であるということがわかります。自分は寅《とら》年生まれ、すなわち、寿永《じゅえい》元年（一一八二年）の生まれであること、そして、一年以上も下痢に悩まされていると、自分の体調を記されています。

身体の不調と同時に頭のはたらきの衰えを訴えておられますが、手紙の文章を読むと記憶は確かですし、使用人についても、一人ひとりの身の上の変化や性格など、実によく観察されていて、それをきめ細かく伝えることで、娘・覚信尼《かくしんに》にも、またそこで働いてくれる人たちにも役立つような気配りのできる人柄をうかがうことができます。

第六通は、文永元年（一二六四年）五月十三日付でしたから、この手紙との間には三年半ほどの歳月が流れていることになります。これまでの手紙の状況からみても、その間に何の交流もなかったとは考えられませんから、何らかの理由で残っていない手紙がある可能性も考えられます。

次に、覚信尼から小袖などの衣類がたびたび届けられていること、そして、それを「よみぢ小袖」つまり死に装束にしたいと、娘の心遣いに感謝されています。その理由に、黄泉路《よみじ》の儀礼といったことではなく、「あまり着古したものでは」という、いかにも女性らしい身だしなみへの心配りが記されていることから、八十六歳になられても色あせぬ、恵信尼《えしんに》さまの女ごころの若さに魅せられます。

それでも、こうした文面の隅々から溢れ出てしまうのは、孫たちの様子をもっともっと知りたいという「おばあちゃん」の素顔です。「お子さま方のことなど、みなうけたまわりたく存じます（どんなことでもみな知らせてほしい）」という言葉に、私は、まさしく「健やかな日本の母性」とでも呼びたい懐かしさと、やすらぎを感じさせられます。また、それでは「おじいちゃん」としての親鸞聖人《しんらんしょうにん》はどのような様子だったのか、いつかお聞きしたいと心ひそかに願っています。

短い「追伸」が語る大きな手がかり

ところで、この第七通には追伸がありますが、さりげなく書かれた短い言葉のなかに、恵信尼さまにかかわるいくつかの貴重な手がかりが残されています。

追伸の文中と最後に見える「わかさ殿」というのは、覚信尼の侍女「わかさの局《つぼね》」のことですが、それにしても、この追伸の文章は素適です。どうやら、恵信尼さまは娘に仕えている若い頃の「わかさの局」にはいささか苦手意識があったように察せられますが、その「わかさの局」も年を重ねて女性として成長したことだろうと思うと、とても懐かしく、会いたいと書いておられます。

娘あての私信とはいえ、自分の気持ちを素直に書かれているところに、私は、飾り気のない、それでいて細やかな心遣いをさりげなくできる恵信尼さまの人柄がよくうかがえて、なんとも言葉にいい表せない魅力を感じます。なお、文中に「かこのまへ」という女性の名と、「上れんぼう」という男性の名が記されていますが、どういう人たちなのか詳しいことは不明です。

そして、この追伸には、恵信尼さま自身の呼び名の一つと考えられる「ちくぜん」という署名があります。侍女を通じて手紙を届けるという当時の形式からいえば、「わかさ殿」に対応して恵信尼さまの侍女の名を記すべきところですが、他の手紙にも「恵信」や「ゑしん」と自分の名を書かれているので、娘への私信ということもあってか、かなり自由な書き方をされているようです。したがって、私は、「ちくぜん」というのは恵信尼さまの娘時代、おそらく三善《みよし》家の息女として九条家に仕えていたころの呼称が、「わかさの局」のことなどを懐かしく思い出しながら書いている手紙の終わりに、自然に出てきたのではないかと思っています。

また、発信地と考えられる「とひたのまき」という地名が記されていることも、恵信尼さまの越後《えちご》での住所を推定する貴重な資料となりました。この呼称や地名についてはいろいろな説がありますが、現在の上越市板倉区内とする説が有力です。

　先にも少し説明しましたが、恵信尼さまは越後に住んだ子どもたちを、しばしばその子たちが居た地名で呼ばれているので、現代語訳もそのまま使っているため、少しわかりにくいかもしれません。「益方《ますかた》」は日野《ひの》有房《ありふさ》（出家して道性《どうしょう》）、「栗沢《くりさわ》」は信蓮房明信《しんれんぼうみょうしん》が本来の呼び名です。「小黒《おぐろ》の女房」「高野《たかの》禅尼《ぜんに》」の「小黒」や「高野」も同様ですが、彼女たちの名は不明です。なお、これらの土地の呼称は、おそらく三善家の荘園とかかわりがあるのではないかと考えられています。

稲田の西念寺、山門
小島から稲田に移られた親鸞聖人が、当時「吹雪谷」とよばれたこの地で庵を結ばれたのが「稲田の草庵」。稲田九郎頼重が念仏道場として受け継ぎ、現在にいたっている（昭和 52 年 7 月撮影）。

第八通——その一

八十七歳——現存する、恵信尼さま最後の手紙の前半。いまはもうろくして死期も近いと思われるので、娘・覚信尼《かくしんに》からもらった小袖を死出の装束にしようと大切にしていること、もう今生《こんじょう》では会うこともかなわぬ現実を直視し、浄土での再会を期してお念仏を大切に生活するよう娘に勧め、「わかさの局」にもその気持ちを伝えてほしい、と記されている。

（現代語訳）

京都への幸便があるということで、よろこんでお便りをさしあげます。

さて、私は、今年まで生きながらえていようとは思ってもいませんでしたが、今年は八十七歳とやらになりました。寅《とら》年の生まれですから八十七か八十八になりましたので、今はもうお浄土《じょうど》へ往生《おうじょう》させていただく時を待っているばかりですが、年こそ驚くような年齢になりましたが、咳《せき》をすることもなく、つばなども吐《は》くこともありません。腰や膝を叩いたりさすってもらうことも、今まではありません。まるで犬のように動いておりますけれども、今年になってからは、あまりに物忘れをしますので、呆《ほう》けたようになってしまいました。

それにしても、昨年から、世の中に本当に恐ろしいことが多く起こっています。

また、「すかい」の者の便で、あなたが私に綾織りの衣類をくださいましたこと、お礼の申しようもありません。いまは往生する日を待っている身ですから、くださった衣類が最後のいただきものになるだろうと存じます。いままでも、あなたからいただいた綾織りの小袖を死出の装束にしようと思って、大切にしております。まことにうれしゅうございます。絹の表地の着物もまだ持っております。

また、お子さまたちのこと、まことになつかしく、ご様子をうけたまわりたく存じます。上のお子さま（覚信尼《かくしんに》の長男・光寿《こうず》、後の覚恵《かくえ》で、覚如《かくにょ》の父）のことも、ほんとうにうけたまわりたく思います。ああ、この世に生きている間に、もう一度、私のほうからお目にかかりに行くか、あなたが私のほうへ会いに来てくださることがあるでしょうか。もう、それはできないでしょう。

私は、極楽に、いますぐにも参らせていただくことでしょう。極楽では、どのようなことでも明らかにごらんになれるはずですから、あなたも必ずお念仏を申されて、極楽へ往生してお目にかかりましょう。本当に、本当に、極楽へ私どもが参りあうことができましたなら、どのようなことも明るくはっきりすることでしょう。

また、この便りは、近くに住んでいる「みこ」の甥とか申す者の便に頼みました。燈火があまりに暗くて、くわしく書くことができません。

また、どうかお心にかけられて、確かな便がありますときに、綿を少しいただきたくお願いします。「をはり」におります「ゑもん入道《にゅうどう》」の便は、確実で信頼できます。「ゑもん入道」がこちらに来るだろうと聞きましたが、まだはっきりとしたことではありません。

また、光寿御前《こうずごぜん》が、修行のために京都から地方へ下られるとかうかがっていましたけれども、こちらへはおみえになりませんでした。

また、「わかさ殿」も、今では大人びて落ち着いた年ごろになられたことと、本当に、なつかしく思われます。どうか心がけてお念仏申して、おたがいに極楽へ往生してお会いしましょうと、お伝えください。

なによりも、なによりも、お子さま方のこと、詳しくお知らせください。ぜひお聞きしたいと思っています。一昨年ですか、お生まれになったということをお聞きしたお子さまも、まだお会いはしていませんが、なつかしく思っています。

八十七歳――現存する最後の手紙

この第八通の最初には、まずご自身の年齢のことや健康のことが記されています。八十七歳になったこと、咳《せき》をすることもなく、つばを吐《は》くこともなく、腰や膝を叩いたりさすってもらうこともなく、まるで犬のように動きまわっていると書かれています。

この第八通には「その二」があり、その最後に三月十二日という日付けがあります。内容は先に読んだ第七通（恵信尼《えしんに》さま八十六歳、文永四年九月七日付）と同じようなことがいくつか記されていますので、第八通は八十七歳になられた文永五年（一二六八年）の三月十二日に書かれたものと推定されます。そうしますと、第七通に記されていた下痢などの症状はよくなられたことがわかります。

次に「昨年から、世の中に本当に恐ろしいことが多く起こって」いると記されていますが、具体的なことは記されていないので、天災か人災か詳しいことはわかりません。

また、人の名前か地名かは不明ですが、「すかい」の者に託して覚信尼《かくしんに》が綾織りの衣類を届けてくれたことを、いつ往生するかわからぬ身であれば「最後のいただきものになるだろう」と感謝されています。

さて、恵信尼さまは第一～三通の手紙で、親鸞聖人《しんらんしょうにん》の思い出を語りつくされたのでしょうか、あとの手紙では、最初の三通で書いたことをさらに念を押すといった気配はまったくといってよいほどありません。そこには、恵信尼さまのさっぱりした性格もうかがえますが、それにもまして、一度言ったことは必ずわかってくれているに違いないという娘への信頼の深さが強く感じられます。そこに、私は、現代の親子関係が見失っているものを考える大きな手がかりがあるように思います。

これまで読んだどの手紙も、先に私が「健やかな日本の母性」と表現したような、きわめて繊細な感性と大らかな包容力をもち、精神的にも情緒的にも高い自立性をそなえた恵信尼さまの豊かな母性が溢れていますが、とりわけこの手紙には、いよいよ天寿を全うしてお浄土《じょうど》へ往生《おうじょう》する身を直視した「安心立命《あんじんりゅうみょう》」の境地がうかがえます。それは、仏教が目指す「現世を過ぐべき様《よう》」にかなう自己実現のモデルといって過言ではないでしょう。

とりわけ、自身の信心もさることながら、折りにふれ「お念仏を申してお浄土で会いましょう」と語りかけ、この人生を生きることの意味を見失わないようにという、大きな親心をごく自然に伝えておられることに、私は現代の親子関係において、特に親自身が学ぶべき大切なことが示されていると思っています。

浄土にむかって今日を生きる

孫を思う恵信尼さまの気持ちの深さは、これまでに読んだ手紙の随所に溢れていますが、その気持ちは、娘への思いと一つです。できることなら今一度、この世の生命を生きるうちに娘と相《あい》見《まみ》えたい、そして、大きくなったであろう孫たちにも――。その切ない気持ちを、恵信尼さまは素直に言葉にしておられます。しかし、ただ、その情に流されて、自分の感情を繰り言されているのではありません。「ああ、この世に生きている間に、もう一度、私のほうからお目にかかりに行くか、あなたが私のほうへ会いに来てくださることがあるでしょうか。もう、それはできないでしょう」と、しっかり現実を直視し、その気持ちを明確に伝えておられます。

強い母性は、しかし、しばしばその強さのゆえに、相手を包みこんで自分の中にとりこもうとしたり、わが子ゆえ、孫ゆえという自己中心性の枠を固めることにもなりがちです。

そうした自己中心性の枠を破って、より広い視野をもつ人間に育つべきことを、恵信尼さまは「あなたも必ずお念仏を申されて、極楽へ往生してお目にかかりましょう」という言葉で明らかにされ、生きる生命の目標を明確に語っておられます。そして、この世の生命終えて往《ゆ》き生まれる阿弥陀仏の極楽浄土が、明るいイメージで、活き活きと語られていることに、私はとても心を惹《ひ》かれます。「往生」という言葉のとおり、「死ぬことは阿弥陀仏の浄土へ生まれること」だと恵信尼さまは言っておられるのです。超高齢社会になった現在、しばしば「終活」という言葉で老いの生き方が話題になりますが、八十七歳という当時としては稀な長寿を全うされた恵信尼さまの姿に、私は究極の「終活」のモデルを学ぶ思いがします。

「お念仏を忘れぬように！」その思いはわが娘だけに伝えられているのではありません。覚信《かくしん》尼《に》の侍女「わかさ殿」にも、「どうか心がけてお念仏申して、おたがいに極楽へ往生してお会いしましょう」と伝えてほしいと書くことも忘れてはおられません。そこには、むずかしい言葉はどこにも使われていませんが、私は、まさに、あの第三通で読んだ「自信教人信《じしんきょうにんしん》」の世界が、ここに現成《げんじょう》していると思います。

また、この手紙には、他の手紙にない「一昨年ですか、お生まれになったということをお聞きしたお子さまも、まだお会いはしていませんが、なつかしく思っています」という文面がみられます。これは、親鸞聖人の滅後、覚信尼は小野宮禅念と再婚し、文永《ぶんえい》三年（一二六六年）に子どもが生まれたことを指しているのですが、この子が覚信尼さまにとっては二男にあたる唯善《ゆいぜん》という人です。したがって、小野宮禅念との再婚は、少なくとも親鸞聖人が入滅されて二年ほど後のことと考えられます。

第八通――その二

使用人についての詳細な現況や、信蓮房《しんれんぼう》の気がかりな近況など、越後《えちご》の状況が詳しく書かれている他、孫たちの近況などをどのようなことでも知らせてほしいと、率直に自分の気持ちを伝えられている。

（現代語訳）

また、そちらへ行くように申していました女の子たちも、先年の熱病の大流行のときに、おおぜい亡くなりました。「ことり」と申します女の子も、もう年をとりました。父は御家人《ごけにん》で名を「むまのぜう」と申す者の娘がおりますが、その娘をあなたのところに行かせようと思って「ことり」と申す者にあずけていますが、その娘はなんとも無作法で、髪などもとても見苦しく、御家人の娘とも思えぬ品のなさで、私はあまり好ましく思えません。「けさ」の娘で「わかば」という女の子が今年二十一歳になりましたが、いま妊娠していて、この三月ころに子どもが生まれます。男の子であれば、父親が引き取ることでしょう。以前にも、今年五歳になる男の子を産みましたが、男子は父が相伝するということで、父親が引き取りました。このたび生まれる子は、どのようなことになりますやら。

「わかば」の母の「けさ」は、頭になにかよくない腫《は》れものができて、もう十年あまりになりますが、なにもすることができぬままに、死を覚悟しているように申しております。

以前、あなたのところに居りました時は「おとほうし」と申す子どもであった者に、またそちらへ行くように申しましたが、今では妻や子がいますので、とても行くとは申しますまいと存じます。私が亡くなりました後は、「おとほうし」のことは栗沢《くりさわ》の信蓮房《しんれんぼう》に話しておきますので、京都に来るようにおっしゃってください。

また、栗沢の信蓮房はどうしたことなのか、「のづみ」という山寺にこもって、不断念仏をはじめましたようで、何なのか、何かを書くということを申しているそうです。それは「五条殿（親鸞聖人）のために」と申しているようです。

なにやかや、申しあげたいことが多くございますが、明日の暁方に便りを託す者が出発するということで、この手紙は夜に書きましたので、たいそう暗いので、とてもお読みになれないだろうと思って、ここで筆をおくことにします。

また、針を少しください。この手紙を届けた者にでもお渡しください。あなたのお手紙の中に入れて、送ってください。

なおなお、お子さまたちのご様子、詳しくお知らせください。お聞きするだけでも心が慰められます。いろいろ書きたいことやお聞きしたいことがたくさんあって、きりがありませんので、ここで止めることにします。

また、宰相殿《さいしょう》（覚信尼の娘・光玉《こうぎょく》）は、まだ結婚しておられないのでしょうか。あまりに暗いので、どのように書きましたことやら。さぞ、お読みになりにくいことでしょう。

三月十二日　亥《い》の時

尽きぬ気がかりに向きあう心

長い文章であり、また、使用人の身の上の変化などがこまごまと記されていて、一度読んだだけではなかなかわかりにくいのですが、第七通でも聞いた人の名が同じように出てきますので、文面をくり返しお読みいただくと、これらの人々を身近に感じることができると思います。

先にも記したように、この手紙は三月十二日という日付けと、亥《い》の刻《こく》、つまり夜十時頃と記されていますが、文面から文永《ぶんえい》五年（一二六八年）三月十二日付であることがわかっています。

そして、これ以後の手紙は見つかっていませんし、恵信尼さまが往生《おうじょう》された時期をうかがう史料も他にまったくありません。したがって、一般的には、この手紙を書かれてのち、ほどなく往生されたと推測されていますが、私には、これほど長文の、しかも、実にしっかりした文章の手紙を読み、「また、針を少しください」といって、その手段まで書かれているのを読みますと、この手紙の後も長らえて、「私も、殿と同じ年になりましたよ」という恵信尼さまの声が聞こえてくるような気がしてなりません。

ところで、ここで注目されるのは、栗沢《くりさわ》の信蓮房《しんれんぼう》のことが記されている箇所です。恵信尼さまと親鸞聖人《しんらんしょうにん》の六人の子女のうち、越後《えちご》では恵信尼さまの住まいに近い栗沢という所に住んで、いろいろなことの相談相手になった信蓮房明信が、何を思ったのか、「のづみ」という山寺にこもって不断念仏の修行をはじめたというのです。

不断念仏というのは、一定の期間をきめて、昼夜を問わず念仏を称える自力の修行です。理由については、「五条殿」つまり親鸞聖人のために、何かを書くようなことを言っている、とのみ記されていますが、「栗沢の信蓮坊はどうしたことなのか（原文「栗沢はなにごとやらん）」という言葉には、身近にいる息子の言動に、おどろきの念をかくしきれない様子がよく伝わってきます。

思い返せば、親鸞聖人は、八十四歳の高齢になられてから、関東の念仏者のあいだに生じた疑義や間違った考えによる混乱を鎮めるため自分の名代《みょうだい》として関東へ遣わした子息の善鸞《ぜんらん》が、かえってありもしない虚言を吐くなどして混乱に拍車をかけたため、事態を収拾するために親子の縁を切るという悲痛な決意をされねばなりませんでした。

そして、いま、恵信尼さまの身近に住んで何かと相談相手になってくれている信蓮房明信は、親鸞聖人がまさに命がけで対峙して退けられた自力念仏の修行に踏み迷っているのでしょうか。私はそこに、親子という最も近くて強い関係が、何も言わず何もしなくともすべて思うことが伝わったり、解り合えるほど単純なものではないということを、あらためて教えられます。

現存する手紙の最後に記されていることであり、信蓮房のその後や、恵信尼さまがどのように接しようとされたのか、少しでもわかればどれほど私たちにとって学ぶことが多いことかと思いますが、現在まで伝えられていることは何もありません。

ですから、この手紙を読む機縁に恵まれた私たち一人一人が、自分のこととして向き合うべき課題として、恵信尼さまが私たちに伝えようとされているのだと思っています。

あらためて考える親子のきずな

いま、この最後の手紙を読み終えて私が強く感じるのは、急速な核家族化と世代間の断絶、そして無縁社会という言葉に象徴される希薄化した人間関係のなかにあって、深い悩みや不安を感じながらも、どこかでそれと正面から向き合うことを避けている私たちに、これらの手紙によってようやくほの見えてきた親鸞聖人の家族の風景は、この苦難に向き合う勇気と、それを克服する多くの示唆をあたえてくれているということです。いみじくも信蓮房のことが記されていることで、七五〇年の時空を超えて、私はより身近にこのことを実感します。

とりわけ、この手紙を読むことで、母と子の交流の大切さというものを、あらためて感じさせられますが、特に現代の家族の状況を考えてみますと、母親ないしは母性の役割というものを、いま一度しっかり考えること、言葉を変えていえば、私自身が、たゆみない自己研鑽を忘れてはならないことを教えられます。

近年、望ましい母と娘の関係が、仲の良い友だちのような楽しい関係としてイメージされることが多くなりました。たしかに、そうした形での共感性をもつことから、新しい時代の母と娘の関係を創りあげることが期待されますが、忘れてはならないことは、その共感性の彼方《かなた》にある人間としての成長です。そして、そのすばらしいモデルを恵信尼さまにみることができるでしょう。

これまでに読んだ八通の手紙のはじまりは、第一通で読んだように、静かに息をひきとった父の臨終に、当時、一般に信じられていた極楽往生の証しとなるような何の奇瑞も起こらなかったために、それを看取《みと》った娘・覚信尼《かくしんに》の心にわきあがってきた素朴な疑問からでした。

「お父さまは本当にお浄土《じょうど》に往生されたのだろうか?」その素朴な疑問をそのままにしていたなら、これらの手紙は残っていなかったにちがいありません。その意味でも、自分の心のうちの疑問を率直に母にたずねた覚信尼。そして、その娘の問いを確と受けとめた母・恵信尼さまの姿をありのままに知ることから、現代の家族の在り方を考える大きな学びの第一歩があると、いま私は思っています。

ふりかえれば、親鸞聖人の家族は、現代の多くのサラリーマン家族のように、越後や関東そして京都と、転居の連続であり、また晩年は現代の高齢家族、核家族と同じような状況もありました。その状況をうかがえば、私たちがこれらの手紙を読み、考え、話し合い、そして学ぶべきことは極めて多いといえましょう。

「はじめに」でも申しあげたように、浄土門《じょうどもん》・本願他力《ほんがんたりき》の念仏は出家して修行することのできない私たちのために、阿弥陀如来が用意してくださった仏道です。この仏道を歩む最も身近な、そして最も理想的なモデルを、私たちは親鸞聖人と恵信尼さまが生きられた人生に学ぶことができます。

仏教では、私たちの生きているこの現実世界を「娑婆《しゃば》」と呼びますが、この言葉は、現代においても日常用語として盛んに使われています。この娑婆という言葉は「忍土《にんど》」と訳される古いインドの言葉で、「悩み苦しみが多く、忍耐すべき世界」を意味しています。そして、いかにその現実を生きてゆくかを説く教えが仏教です。

この、「いかに生きるべきか」という課題は、お釈迦さまの生きられた時代も、恵信尼さまの生きられた時代も、そして、いま私たちが生きている現代も、時の流れをつらぬいて変わらない人間の問題です。七五〇年の時空を超えて恵信尼さまの手紙が私たちの心に響くのも、恵信尼さまが「いかに生きるべきか」を娘に伝えねばならないという強い意志のもとに手紙を書かれたからに違いありません。

もとより、社会の仕組みも生活様式も、衣食住のすべてにわたって大きく変わっているわけですから、これらの手紙を一読したからといって、インスタント食品のようにすぐ役立つといったことではありません。

しかし、人間が自分自身の生き方を問うというと、なにかとてもむずかしいことのように聞こえるかもしれませんが、決してそのような大げさなことではありません。たとえ眠りにつく前のしばしの時間でも、少し心を落ち着けて自分の気持ちに向き合うことから始めればよいのです。

そして、当面している問題をいろいろな視点から考え、親鸞聖人だったら、恵信尼さまだったらどうされるだろうか、どうアドバイスをしてくださるだろうかと考え、その課題を自らに問い、かつ有縁の人々と語り合い、分かち合うことを少しでも心がけるなら、必ず道は開けてくると私は信じています。

あとがき

このことは、本来なら前書きに記すべきことであったのかもしれませんが、いまこれらの手紙をお読みいただいて、そこに「夢」が大きな役割を果たしていることに気づかれたことと思います。

私たちのごく一般的な夢の受けとめかたは、ただ不思議なものとか、とりとめのない空想のようなものとか、何の一貫性もない曖昧で不確かなもの——といった理解が多いように思います。しかし、こうした夢の理解は、現代の深層心理学などの知見からは、あまりにも夢の意味を知らない勝手な思い込みであり、夢には人間の心の問題にかかわる深い意味があるとされています。専門的なことは心理学の書物などで学んでいただくとして、ここで、いま、私たちが理解しておかねばならない基本的なことがらは、「私の心」には、現に考えたり感じたりしている「目覚めている時の心」だけではなく、眠りのなかでみる夢に表れるような「深層の心」があるということです。しかも、夢は、日常の自分が意識しない心の奥底に在るものを、いまの自分の問題として意識化することにおいて、「私の心」全体の平衡性を保つ役割も担っています。通常「私」として意識している自我は完全なものではなく、「私の心」全体としてみれば、たとえば嫌なものや好まないものは無意識の蔵の中に仕舞い込んでいるものであり、その意味で心の深層まで統合された「私」ではないのです。

ですから、夢は真摯に向き合うことで新たな自己成長に資する可能性を秘めているのですが、親鸞聖人や恵信尼さまは、そうした夢のもつ可能性を十分に活かされていることがわかります。しかし、それはただ単純に夢を信じるとか夢を占うといったことではありません。

親鸞聖人が恵信尼さまの夢を聞いて、「夢にはしなわいあまたあるなかに」つまり「夢にはいろいろな種類の夢があるなかで」と語られた言葉は、夢を客観的に受けとめ、夢のもつ意味を考え、夢をいまのこととして意識化し統合して、新たな自己成長を達成するという、まさに現代の深層心理学の知見に通じる素晴らしいモデルを私たちに示してくださっていることを学びたいと思います。

◇

この書籍が世に出るにあたって、いま、私が誰よりも先にお読みいただきたいと思う方の一人に西本願寺の前お裏方、大谷嬉子さまがおられます。もうかれこれ三十年ほど前のことですが、ある会合で短い講演を依頼され、「恵信尼さまの手紙」について話すことになりました。当日、会場に行きますと、何と当時お裏方の大谷嬉子さまが居られてにこやかに迎えてくださったのです。私にとって大谷嬉子さまは、「恵信尼文書」はもとより恵信尼さまの人間像全体におよぶ学識では第一人者と尊敬する方でしたから、その方の前で恵信尼消息を語るということは、まさにお釈迦さまの前で説法するにも似た思いでした。それでも何とか講演を終えて会食になり、お裏方の隣に同席することになりましたが、最近の学生気質や視聴覚教材などの話をしているうちに、いつしか高齢化する家族のことに話題が移って、「本当に老いるということは大変なことですね、私の母も――」と、ご自分の母上のことやご自分の気持ちを話してくださったのです。その時、私は、緊張していた私への温かい心遣いを感じて、とてもうれしかったことを昨日のことのように思い出すのですが、そのうれしさは、月日の流れとともにより大きく深くなってきます。それは、あの時、お裏方は、恵信尼さまの手紙をいかに読むべきかということをも私に語ってくださったのだと気づいたからです。

すでに本文でも触れましたが、第五通以下は、率直に言って、使用人の家族の様子まで細々と記されていて解り難い箇所も多く、さらっと読んでしまいがちですが、繰り返し読んでいると、そこに溢れているのは老いた母が遠く離れて住む娘によせる深い思いです。あの時、娘としてのご自分の思いをさりげなく話された前お裏方の言葉は、そのまま恵信尼さまの手紙への返事でもあったのでしょう。「はじめに」のなかで、私は、あたかも恵信尼さまとお会いして話を聞いているような――と、自分の現在の気持ちを記しましたが、そこにはいつも、あの日、老いの問題をご自分のこととして話してくださった大谷嬉子さまのお顔が重なっているのです。

◇

実に六五〇年という歳月を経て、大正時代にその実像が明らかになった恵信尼さま。それだけに、時の流れのなかで、日本屈指の大宗教教団に発展した浄土真宗の宗祖・親鸞聖人の内室についても様々なイメージが膨らみ、多くの伝説が生まれました。それは、非僧非俗の仏道を生きぬかれた親鸞聖人も同様です。そして、聖人の内室に関しては九条兼実の女・玉日《たまひ》とする伝承が、室町時代に関東の教団のなかで成立し、聖人滅後約一六〇年ほどして蓮如上人の十男・実悟師がまとめられた「日野一流系図」にもその名が記されています。恵信尼さまについては、男女六人の母と記されていながら、大正十年に「恵信尼文書」が発見されるまで、詳しいことは何もわからぬまま六五〇年の歳月が流れ去ったのです。そして、上越市板倉区米増の五輪塔が恵信尼さまゆかりの墓塔として特定されたのは昭和三十年代になってのことでした。

しかし、玉日講《こう》などの組織的活動が継承されてきた経緯もあって、浄土真宗本願寺派仏教婦人会総裁としての大谷嬉子さまは機関誌やその著書の中でも、多くの人々が史実にもとづく実像と古来の伝承との関係を理解できるよう、きわめて慎重な配慮をされています。著書『恵信尼公の生涯』（本願寺出版社）の中で、「玉日という美しいひびきをもった名は、聖人の内室の代名詞のつもりで、恵信尼公のおもかげを重ねて使ったらどうかと思う」と言っておられるのも、その配慮の一端を示しています。今回、この書籍を出版させていただくにあたり、私は大谷嬉子さまの著書をあらためて読みましたが、その文章のはしばしに女性らしい繊細さとともに、恵信尼さまに通じる凛とした自立性、感覚的な表現をすれば母性的なるものが過剰に溢れ出すのをきっちりコントロールする父性的なるものが、見事に統合された「健やかな日本の母性」のモデルを見出せたと思っています。

また、恵信尼さまの墓塔として板倉区米増の五輪塔が注目された当初、この塔を見守るように樹齢六〇〇年と推定される「こぶし」の木があって、毎年、北国・越後の春を告げる清楚な花を開いていたと伝えられています。私が最初に訪れたとき、すでにその「こぶし」の木は世樹を全うしていましたが、その切り株によって六〇〇年という樹齢が明らかになったのも、恵信尼さまにふさわしい花との思いを深めたことでした。本書の装幀に使った白い花の写真は私が上信越地方を旅したときの思い出の一枚です。

末筆ながら、出版にあたってご尽力いただいた法藏館編集長の戸城三千代さん、編集実務を担当してくれた花月亜子さんに、心からお礼申し上げます。

二〇一四年二月

著者しるす

寺川　幽芳（てらかわ　ゆうほう）

龍谷大学名誉教授、中央仏教学院講師、行信教校講師。

1936年京都市に生まれる。龍谷大学文学部哲学科で宗教学を学び、同大学院文学研究科修士課程（仏教学）修了。京都女子大学を経て、龍谷大学社会学部に転じ、2005年3月定年退職。

龍谷大学では共通科目「仏教の思想」の他、社会学科・臨床福祉学科・文学部真宗学科において特殊講義や演習を担当するとともに、中央仏教学院講師・浄土真宗教学研究所教授・放送大学滋賀学習センター客員教授等を歴任。

著書に『親鸞の思想』（法藏館）、『和讃に学ぶ』（本願寺出版社）、『こころの掲示板』（百華苑）他多数。「親鸞における宗教意識の成熟と夢」「親鸞の家族観」など、親鸞の宗教経験や、妙好人の宗教意識等に関する多くの論考がある。

恵信尼さまの手紙に聞く
二〇一四年三月三一日　初版第一刷発行
著　者　寺川幽芳
発行者　西村明高
発行所　株式会社　法藏館
京都市下京区正面通烏丸東入
郵便番号　六〇〇―八一五三
電話　〇七五―三四三―〇〇三〇（編集）
〇七五―三四三―五六五六（営業）
装幀　尾崎閑也（鷺草デザイン事務所）
印刷・製本　立生株式会社

ISBN978-4-8318-6427-7 C1015